走进十三五

提问“十三五”

ZOUJINSHISANWU TIWENSHISANWU

本书编写组◎编

中国计划出版社

图书在版编目(CIP)数据

提问"十三五"/本书编写组编. 一北京:中国计划出版社,2015.9
ISBN 978-7-5182-0243-0

Ⅰ. ①提… Ⅱ. ①本… Ⅲ. ①国民经济计划－五年计划－中国－2016～2020－问题解答 Ⅳ. ①F123.3－44

中国版本图书馆 CIP 数据核字(2015)第 219149 号

提问"十三五"
本书编写组 编
选题策划:晋璧东
责任编辑:晋璧东
封面设计:杨 光

中国计划出版社出版
网址:www.jhpress.com
地址:北京市西城区木樨地北里甲 11 号国宏大厦 C 座 3 层
邮政编码:100038 电话:(010)63906433(发行部)
新华书店北京发行所发行
北京永顺兴望印刷厂印刷

710mm×1000mm 1/16 11 印张 160 千字
2015 年 10 月第 1 版 2015 年 10 月第 1 次印刷

ISBN 978-7-5182-0243-0
定价:30.00 元

目录

CONTENTS

第一章　全面建成小康社会决胜阶段的形势和指导思想

第三章　坚持创新发展，着力提高发展质量和效益

第四章 坚持协调发展,着力形成平衡发展结构

第五章 坚持绿色发展,着力改善生态环境

第六章　坚持开放发展，着力实现合作共赢

第七章 坚持共享发展,着力增进人民福祉

第八章　加强和改善党的领导，为实现“十三五”规划提供坚强保证

第一章 全面建成小康社会决胜阶段的形势和指导思想

"十二五"以来特别是党的十八大以来，面对国内外复杂多变的环境，党中央、国务院团结带领全国各族人民，审时度势，克难攻坚，砥砺前行，有力实施宏观调控，积极应对风险挑战，加快结构调整步伐，不断改善人民生活，实现了经济持续稳定增长，为全面建成小康社会奠定了坚实基础。站在"十二五"即将圆满收官、"十三五"就要扬帆起航的历史节点，党的十八届五中全会胜利召开。全会审议通过了《中共中央关于制定国民经济和社会发展第十三个五年规划的建议》(以下简称《建议》)，提出了"十三五"时期我国发展的指导思想，全面建成小康社会的目标要求，以及实现这一奋斗目标必须遵循的基本原则、必须树立的发展理念。《建议》集中全党全社会思想共识和行动智慧，着眼于未来5年乃至更长远的发展规划，充分体现了党对所肩负历史使命的深刻把握和"四个全面"战略布局的要求，充分反映了亿万人民的共同意愿，是实现全面建成小康社会的纲领性文件，标志着我们党对中国特色社会主义发展道路的认识达到一个新的高度。全会为夺取全面建成小康社会决胜阶段的伟大胜利擘画蓝图、指明路径，对如期实现第一个百年目标具有重大指导意义，必将进一步凝聚起全党全国各族人民团结奋斗的力量，迈出实现中华民族伟大复兴的关键一步。

1."十二五"时期我国发展取得了哪些重大成就？

党的十八届五中全会高度评价了"十二五"时期我国发展取得的重大成就，认为面对错综复杂的国际环境和艰巨繁重的国内改革发展稳定任务，我们党团结带领全国各族人民顽强拼搏、开拓创新，奋力开创了党和国家事业发展新局面，我国经济实力、科技实力、国防实力、国际影响力又上了一个大台阶。

首先，我们妥善应对国际金融危机持续影响等一系列重大风险挑战，适应经济发展新常态，不断创新宏观调控方式，推动形成经济结构优化、发展动力转换、发展方式转变加快的良好态势。我国经济总量稳居世界第二位，13 亿多人口的人均国内生产总值增至 7800 美元左右。第三产业增加值占国内生产总值比重超过第二产业，基础设施水平全面跃升，农业连续增产，常住人口城镇化率达到 55%，一批重大科技成果达到世界先进水平。公共服务体系基本建立、覆盖面持续扩大，新增就业持续增加，贫困人口大幅减少，生态文明建设取得新进展，人民生活水平和质量加快提高。全面深化改革有力推进，人民民主不断扩大，依法治国开启新征程。全方位外交取得重大进展，对外开放不断深入，我国成为全球第一货物贸易大国和主要对外投资大国。中华民族伟大复兴的中国梦和社会主义核心价值观深入人心，国家文化软实力不断增强。中国特色军事变革成就显著，强军兴军迈出新步伐。全面从严治党开创新局面，党的群众路线教育实践活动成果丰硕，党风廉政建设成效显著，赢得了党心民心。

其次，尤为重要的是，党的十八大以来，以习近平同志为总书记的党中央毫不动摇坚持和发展中国特色社会主义，勇于实践、善于创新，深化对共产党执政规律、社会主义建设规律、人类社会发展规律的认识，形成一系列治国理政新理念新思想新战略，为在新的历史条件下深化改革开放、加快推进社会主义现代化提供了科学理论指导和行动指南。

2. 为什么说“十二五”时期我国经济社会发展为全面建成小康社会奠定了坚实基础?

“十二五”时期的 5 年，是改革开放伟大历史进程中具有鲜明里程碑意义的5年。这5年，世情国情发生深刻变化，我国经济发展步入新常态。我国发展面临的内外部环境更趋复杂，多重困难和挑战相互交织，改革转型任务繁重。面对复杂多变的国际环境和艰巨繁重的改革发展任务，党中央、国务院总揽全局，审时度势，紧紧围绕"四个全面"战略布局，主动适应引领经济发展新常态，扎实推动"大众创业、万众创新"，坚持稳中求进工作总基调，不断创新宏观调控政策、思路、方式；坚持实施创新驱动发展战略，大力推进结构调整和转型升级；坚持改革开放不动摇，着力开拓发展新空间、激发新动力，实现了经济平稳较快发展和社会和谐稳定，为全面建成小康社会奠定了坚实基础。

(1)经济运行稳中有进，综合国力显著增强。2015年以来，面对下行压力，中国经济虽形有波动，但势仍向好，上半年增速达到7%。"十二五"时期在世界经济增长总体放缓、主要经济体走势分化背景下，中国把握经济运行合理区间，稳定宏观经济政策，同步扩大市场需求和有效供给，实现经济运行总体平稳、稳中有进。2011年至2014年，我国经济对世界经济增长的贡献率超过四分之一。2015年上半年，这一贡献率约为30%。我国已经站上了一个新的发展阶段，不仅是一个经济大国，而是一个有影响的经济大国。从农业看，综合生产能力稳步提高，粮食产量实现新中国成立以来首个"11连增"，今年有望实现"12连增"；从工业看，一手抓化解过剩产能，一手抓改善品质质量，以数字化、网络化、智能化为特征的智能制造成为新生力量；从服务业看，2012年服务业增加值占GDP比重历史上首次超过第二产业，2015年上半年已占据半壁江山；从新兴产业看，节能环保、新一代信息技术、高端装备制造等七大战略性新兴产业，占工业主营业务收入比重提高到14.8%，产业高端化步伐明显加快。

(2)消除体制机制障碍，对外开放纵深拓展。"十二五"以来特别是党的十八大以来，我国坚持用改革破除束缚发展的体制机制障碍。党的十八届三中全会作出全面深化改革重大决定后，围绕"处理好政府与市场关系"这一核心，大刀阔斧的改革措施相继出台，为经济社会发展提供强大动力源。一是简政放权释放红利。本届政府成立以来至今，已取消和下放586项行政审批事项，提前完成取消和下放三分之一以上审批事项的预定目标；通过连续两年修订政府核准的投资项目目录，中央层面核准项目累计减少了76%；工商登记实行“先照后证”，前置审批事项85%改为后置审批。二是创新驱动打造动力。创业创新扶持政策体系初步建立，“双创”蓬勃发展，市场主体开办新企业、开发新产品、开拓新市场的速度加快；科技创新逐步成为发展内生动力，科技创新投入大幅增长，企业作为创新主体的作用越来越明显。三是市场化改革催生经济活力。审议通过《关于实行市场准入负面清单制度的意见》，建设法治化营商环境；审议通过《关于推进价格机制改革的若干意见》，药品等一批商品、电信等绝大多数服务总计近60项政府定价项目陆续放开，成品油、天然气、铁路运输等领域价格市场化程度显著提高；出台《关于深化国有企业改革的指导意见》，国企改革大幕展开。四是重点领域改革持续发力。审议通过《深化财税体制改革总体方案》，预算管理制度和税制改革取得重要进展；存款利率和汇率浮动区间扩大，民营银行试点迈出新步伐；“沪港通”试点启动，外汇储备、保险资金运用范围拓展。五是以开放促改革拓展发展新空间。《关于构建开放型经济新体制的若干意见》对外发布，“一带一路”战略和国际产能合作逐步走向深入，以开放促改革、促发展、促创新。

(3)坚持公平包容共享，发展成果惠及人民。安居和乐业，这是百姓的朴素愿望。保障和改善民生，这是党和政府一切工作的出发点和落脚点。“十二五”以来特别是党的十八大以来，我国坚持把经济增长建立在就业基础稳定、收入同步增长的基础上，不断健全以公共服务为核心的民生保障制度，增投入、补短板、兜底线、织密网，使发展成果更多更公平地惠及全体人民。一是将财政收入用于民生的比例提高到70%以上，持续提高人民物质文化生活水平，不断增强人民群众的幸福感；二是实施就业优先战略，2014年年末全国就业人员达到7.7亿人，比2010年年末增加1148万人，城乡就业比较充分，就业质量逐步提高；

三是2011年到2014年，全国已开工建设保障房3230万套，到2015年年底将合计开工建设3970万套；四是“十二五”前4年，城乡居民人均可支配收入年均增长9.5%，快于GDP增速，收入差距逐渐缩小；五是2014年年末，全国参加城镇职工基本医疗保险的人数比2010年年末增加4561万人，参加新型农村合作医疗的人数达到4965万人，比2010年末增加350万人；六是党和政府把扶贫工作大力度、宽领域、多层次向前推进，2013年和2014年，我国连续两年完成减贫1000万人以上的目标任务，2015年再完成减贫1000万人的目标也有望实现。

3.“十二五”以来，我国产业结构调整取得了哪些进展？

现代产业体系是保证我国经济保持中高速增长、迈向中高端水平的基础。“十二五”以来，我国产业重大结构性问题得到改善，新的增长动能逐步形成，新旧动力有序转换，长期发展后劲持续增强。

一是农业综合生产能力持续提高。毫不放松地抓好粮食生产，2014年粮食产量达到1.2万亿斤，实现新中国成立以来的首个“11连增”；2015年夏粮增收，秋粮增产可期，全年有望实现“12连增”。农业抵御自然灾害的能力得到提高，农田有效灌溉面积占比超过52%，主要作物良种基本实现全覆盖。农村土地流转率提高到30%，家庭经营、集体经营、企业经营等多种经营方式共同发展的格局初步形成。

二是工业转型升级步伐加快。制造业是国家间经济角力和竞争的主战场，彰显着经济实力和综合国力。近年来，我们一手抓淘汰落后，积极化解产能过剩矛盾；一手抓转型升级，改善品质质量，取得了良好成效。以数字化、网络化、智能化为特征的智能制造开始兴起，成为制造业的新生力量。一批拥有自主品牌和核心技术的企业脱颖而出，带动了基础材料、基础工艺、基础零部件水平提高，拉动了产业整体素质提升。

三是服务业发展保持良好势头。2014年服务业增加值占GDP比重提高到48.2%，今年上半年进一步提高到49.5%，自2012年起超过二产，成为经济的最主要组成部分。在企业越来越依靠服务维持市场地位、产业越来越趋向服务引领制造的新趋势下，生产性服务业加快发展，生活性服务业有效供给不足、质量不高的问题有所改善。

四是新兴产业快速发展。由新技术和新商业模式催生的新兴产业大量涌现，经济新增长点生机显现。节能环保、新一代信息技术、生物、高端装备制造、新能源、新材料、新能源汽车等七大战略性新兴产业规模快速扩大，占工业主营业务收入比重提高到14.8%。海洋生物医药、海洋电力等新兴产业快速发展。

4.近年来我国启动实施了哪"三大战略"？到目前为止，取得了哪些进展？

2014年的中央经济工作会议提出，实施"一带一路"、京津冀协同发展、长江经济带建设"三大战略"。"一带一路"是"丝绸之路经济带"和"21世纪海上丝绸之路"的简称，2013年9月和10月由中国国家主席习近平分别提出建设"新丝绸之路经济带"和"21世纪海上丝绸之路"的战略构想。京津冀协同发展，核心是京津冀三地作为一个整体协同发展，要以疏解非首都核心功能、解决北京"大城市病"为基本出发点，调整优化城市布局和空间结构，构建现代化交通网络系统，扩大环境容量生态空间，推进产业升级转移，推动公共服务共建共享，加快市场一体化进程，打造现代化新型首都圈，努力形成京津冀目标同向、措施一体、优势互补、互利共赢的协同发展新格局。长江经济带是中国新一轮改革开放转型实施新区域开放开发战略，具有全球影响力的内河经济带；东中西互动合作的协调发展带；沿海沿江沿边全面推进的对内对外开放带；也是生态文明建设的先行示范带。

目前，相关规划已在陆续出台，政策也在逐步落地。党的十八届五中全会《建议》指出，拓展区域发展空间，以区域发展总体战略为基础，以"一带一路"建设、京津冀协同发展、长江经济带建设为引领，形成沿海沿江沿线经济带为主的纵向横向经济轴带。

“一带一路”建设是一项系统工程，要坚持共商、共建、共享原则，积极推进沿线国家发展战略的相互对接。为推进实施“一带一路”重大倡议，让古丝绸之路焕发新的生机活力，以新的形式使亚欧非各国联系更加紧密，互利合作迈向新的历史高度，2015 年 3 月，国家发展改革委、外交部、商务部联合发布了《推动共建丝绸之路经济带和 21 世纪海上丝绸之路的愿景与行动》。近 9000 字的文件系统勾勒出“一带一路”路线图，标志着“一带一路”步入全面推进阶段。

推动京津冀协同发展是一个重大国家战略。战略的核心是有序疏解北京非首都功能，调整经济结构和空间结构，走出一条内涵集约发展的新路子，探索出一种人口经济密集地区优化开发的模式，促进区域协调发展，形成新增长极。2015 年 4 月 30 日，中共中央政治局召开会议审议通过《京津冀协同发展规划纲要》，为京津冀协同发展进行顶层设计。

继长江经济带写入 2014 年《政府工作报告》后，国务院于 2014 年 9 月 25 日发布《关于依托黄金水道推动长江经济带发展的指导意见》，正式提出将依托黄金水道推动长江经济带发展，打造中国经济新支撑带，这标志着长江经济带正式上升为国家战略。

2015 年 4 月 5 日，经李克强总理签批，国务院批复同意《长江中游城市群发展规划》。这是贯彻落实长江经济带重大国家战略的重要举措，也是《国家新型城镇化规划（2014－2020 年）》出台后国家批复的第一个跨区域城市群规划，对于加快中部地区全面崛起、探索新型城镇化道路、促进区域一体化发展具有重大意义。

5.“十二五”时期党中央国务院对科技创新有哪些重大部署？科技创新工作取得了哪些重大成就？

党中央国务院高度重视科技创新，在“十二五”期间特别是党的十八大以来，围绕科技创新做出一系列重大部署，为国家科技进步与创新事业发展明确了战略方向，提供了行动指南。党的十八大提出实施创新驱动发展战略，中央政治局常委会、中央全面深化改革领导小组会议、中央财经领导小组会议、国务院常务会议等多次专题研究创新驱动发展，发布实施《关于深化体制机制改革加快实施创新驱动发展战略的若干意见》，研究审议《国家创新驱动发展战略纲要》，修订出台《促进科技成果转化法》，颁布《深化科技体制改革实施方案》《关于改进加强中央财政科研项目和资金管理的若干意见》《关于深化中央财政科技计划（专项、基金等）管理改革的方案》《关于国家重大科研基础设施和大型科研仪器向社会开放的意见》《关于发展众创空间推进大众创新创业的指导意见》等一系列重大政策措施。

在党中央、国务院的高度重视下，科技界和社会各界共同努力，攻坚克难，我国科技创新取得重要进展，支撑引领经济社会发展取得显著成效。2014 年，全社会研发支出达 1.34 万亿元，比 2010 年提高 84.3%，其中企业支出占 76%以上；国际科技论文数量稳居世界第二位，被引次数从第八位上升至第四位；每万人口发明专利拥有量达到 4.9 件，比 2010 年增加 2.8 件；全国技术合同成交额 8577 亿元，比 2010 年增长 119.5%；高技术产业主营收入达 13 万亿元，比 2010 年增长 55.8%。经济增长的科技含量不断提升，科技进步贡献率从 2010 年的 50.9%提升到 2014 年的 54%，创新型国家建设取得重要进展。

6."十二五"期间，特别是十八大以来，我们在深化农村改革方面取得了哪些进展和成效？

"十二五"以来，尤其是党的十八届三中全会以来，我们坚持市场化改革方向，按照现代农业发展要求，在稳定和完善农村基本经营制度的基础上，以培育新型农业经营主体、深化农村土地制度改革为重点，推动农村改革取得积极进展。

一是农村土地产权关系进一步明晰。为了把"落实集体所有权，稳定农户承包权，放活土地经营权"的要求落到实处，我们开展了土地承包经营权确权登记颁证试点，目前已有 12 个省开展整省推进试点，有

2160个县开展了整县推进试点。截至2015年6月底，全国已完成实测承包地面积3.5亿亩，确权面积2.6亿亩。积极引导土地有序流转，按照依法自愿有偿原则，鼓励农民以转包、出租、互换、转让、股份合作等形式流转承包地，让承包地经营权真正活起来，发展多种形式的适度规模经营。截至2014年年底，全国农村家庭承包耕地流转总面积超过4亿亩，比2010年增加了2亿多亩。

二是新型农业经营体系加快构建。着力培育种养大户、家庭农场、农民合作社、农业企业等新型经营主体，推进家庭经营、合作经营、企业经营、集体经营共同发展。截至2015年6月，全国家庭农场超过87万家，农民合作社达到140万家，农业产业化龙头企业超过12万家，新型农业经营主体已逐步成为现代农业建设的生力军。病虫害统防统治、土地托管等农业社会化服务快速发展，既解决了一家一户办不了办不好的事情，又以服务的规模化带动经营规模化，降低了生产成本、增加了经营收益。

三是新型职业农民不断涌现。已经有越来越多的农民工、大中专毕业生和退伍军人开始返乡从事农业创业。这些新农民带来了互联网思维，利用微信、微博等社交媒体和淘宝等电商平台，创新性地销售各类特色农产品，并将各种文化创意引入到农业生产中，正在给古老的农业产业注入崭新的生机和活力。

7.“十二五”期间我国医疗改革取得了哪些成效？

“十二五”期间，我国继续坚持把基本医疗卫生制度作为公共产品向全民提供的基本理念，坚持“保基本、强基层、建机制”的基本原则，加强顶层设计，强化问题导向，不断把改革推向纵深，在关键领域和重点环节取得突破性进展。居民个人卫生支出占卫生总费用的比重由2010年的35.29%下降到2014年的31.99%，为近20年来的最低水平，年内有望实现降至30%以下的目标。主要成效包括四个方面：

一是全民医保体系基本建立。我国已经织起了世界上最大的基本医疗保障网，2015年，城镇职工基本医疗保险、城镇居民基本医疗保险、新型农村合作医疗3项基本医疗保险参保人数超过13亿，参保率保持在95%以上，较2010年提高了3个百分点。2015年新农合、城镇居民医保人均筹资增加到500元左右，其中政府补助标准提高到380元，比2010年(120元)增长了2.2倍。2014年3项基本医疗保险住院费用政策范围内报销比例均达到70%以上。实施城乡居民大病保险，全面建立疾病应急救助制度。

二是公立医院改革步伐明显加快。省级层面，我们确定江苏、福建、安徽、青海4省为综合改革试点省，将公立医院改革作为核心任务部署推进。市级层面，国家级联系试点城市从34个增加到100个。县级层面，已有75%的县(市)和76%的县级公立医院启动了县级公立医院综合改革，年内将实现全覆盖目标。在改革过程中，坚决破除以药补医机制，建立科学补偿机制，积极探索现代医院管理制度，稳步推进编制、人事分配制度改革。

三是基本药物制度和基层运行新机制得到进一步的巩固完善。基本药物价格比改革前平均下降30%左右，建立短缺药品供应保障机制，基本保障了儿童用药。目前，所有政府办乡镇卫生院和86%的村卫生室全部配备基本药物并实行零差率销售。基层医疗卫生机构的硬件建设、软件建设、服务能力都有了明显改善，乡村医生待遇持续提高，从2014年开始连续两年将人均基本公共卫生服务补助资金新增部分全部用于村医。

四是大力推进社会办医和健康服务业。在医疗卫生服务体系规划中为社会办医预留了空间，着力消除阻碍社会办医发展的政策障碍。对非公立医疗机构提供的医疗服务实行市场调节价。截至2014年年底，民营医院达到1.25万个，比2010年增加了5478家，占医院总数的48.5%；非公立医疗机构的诊疗人次数达到16.8亿，占全国总诊疗人次数的22%，提前实现20%的规划目标。

8.“十二五”时期，特别是党的十八大以来，我国是如何大力推进生态文明建设，努力建设美丽中国的？

建设生态文明，关系人民福祉、关乎民族未来，是中华民族实现永续发展的长远大计。“十二五”以来，特别是党的十八大以来，以习近平为总书记的党中央把生态文明建设摆在中国特色社会主义五位一体总体布局的战略高度，大力推进生态文明建设，努力建设美丽中国，一系列制度建设次序推进，出硬招、下重拳，环境治理成就斐然，美丽中国前景可期。

一是做顶层设计绘宏伟蓝图，为永续发展奠定坚实根基。面对资源约束趋紧、环境污染严重、生态系统退化的严峻形势，“十二五”特别是党的十八大以来，中国加强生态文明顶层设计、完善制度政策，开启生态文明建设新篇章。2012 年 11 月，“美丽中国”首次出现在党的文件中。2015 年 5 月，《关于加快推进生态文明建设的意见》公布，进一步明确了生态文明建设的总体要求、目标愿景，成为当前和今后一个时期推动我国生态文明建设的纲领性文件。既要有蓝图，还要有地基。这是制度日趋完善、政策频频出台的 5 年：从十八届三中全会提出加快建立系统完整的生态文明制度体系，到十八届四中全会要求用严格的法律制度保护生态环境，到《生态文明体制改革总体方案》的出台，生态文明建设总体制度框架基本构建。从把资源消耗、环境损害、生态效益纳入经济社会发展评价体系，到健全生态环境保护责任追究制度和环境损害赔偿制度，再到建立自然资源资产产权制度，以经济杠杆进行环境治理和生态保护的制度体系基本确立。

二是向污染宣战向绿色转型，展开生态文明建设伟大实践。5 年来，减煤、控车、抑尘、治源、禁燃、增绿，从中央到地方，一系列举措频频出台，向污染宣战。严格环评审批，源头预防污染。“十二五”以来，国家层面对 151 个不符合条件项目环评文件不予审批，涉及交通运输、电力、钢铁有色、煤炭、化工石化等诸多行业，总投资 7600 多亿元；强化监管执法，严惩违法排污。2013 年各级环保部门向公安机关移送涉嫌污染犯罪案件 706 件，超过以往 10 年总和。2014 年移送案件数达 2180 件，超过上年两倍；扩充资金保障，提升治污"底气"。在 2013 年中央财政划拨 50 亿元专项资金的基础上，去年再划拨 98 亿元，支持京津冀、长三角、珠三角三大区域 10 省份大气污染防治。

2011 至 2014 年，全国淘汰钢铁 1.55 亿吨、水泥 6 亿多吨、造纸 3266 万吨，分别是"十二五"目标任务的 1.6 倍、1.6 倍、2.2 倍，"十二五"重点行业淘汰落后产能任务提前一年完成；2014 年，清洁能源消费量占能源消费总量的比重为 16.9%，比 2010 年提高 3.5 个百分点。2011 年至 2014 年，单位国内生产总值能耗累计下降 13.4%，2015 年上半年同比下降 5.9%；继 2013 年服务业成为国民经济最大产业之后，服务业增加值占国内生产总值比重持续提升，今年一季度首次超过一半，达到 51.6%，创下了历史新高。

生态文明建设不只是种草种树、末端治理，而是发展方式的根本转变。"十二五"以来，随着结构调整、产业升级、节能减排步伐的加快，经济发展等方面上演了一场绿色变革，有力地推动了生态文明建设。让青山常在绿水常青，美丽中国愿景可期。

9. 习近平总书记文艺工作座谈会讲话发表以来文艺领域发生了哪些变化？

习近平总书记在文艺工作座谈会上的重要讲话，深刻论述了文艺工作的重要地位和重要作用，全面分析了文艺工作的形势，深刻阐述了做好文艺工作的基本原则，明确了文艺工作的任务，对文艺工作提出了新要求新期待。学习习近平总书记的讲话，有六个"牢牢把握"十分重要：一要牢牢把握文艺之位，就是文艺的重要地位。文艺是时代前进的号角，最能代表一个时代的风貌，最能引领一个时代的风气。实现两个一百年奋斗目标、实现中华民族伟大复兴的中国梦，文艺的作用不可替代，文艺工作者大有可为。二要牢牢把握文艺之魂，就是要大力弘扬社会主义核心价值观，大力弘扬中华优秀传统文化，大力弘扬民族精神和时代精神。三要牢牢把握文艺之本，就是人民。四要牢牢把握文艺之源，就是生活。五要牢牢把握文艺之质，就是要注重艺术的质量。六要牢牢把握文艺之效，就是要始终把社会效益放在首位，实现社会效益与经济效益相统一。

讲话发表一年来，文艺战线认真学习贯彻习近平总书记重要讲话精神，文艺形势出现了可喜的变化。一是低俗媚俗文艺作品得到遏制。“以人民为中心”的创作导向越来越成为文艺界的共识。文艺环境趋于健康，“明规矩”走高，“潜规则”减少。二是大批作家艺术家深入生活、扎根人民，其丰富性、深入性、持续性近年少有。三是天价片酬降温，文艺市场逐渐回归理性和平衡。四是文艺工作者不仅注重艺术水准的提高，更关注自身高尚品德和健康情趣的养成，注重以严谨的职业操守树立良好社会形象。五是文艺作品急功近利、粗制滥造的现象开始得到扭转。秉持“慢工出细活”“十年磨一剑”精品意识的文艺作品更多地受到关注和好评。六是大力改革文艺评奖制度。全面清理整顿文艺评奖，取消了一批、精简压缩了一批，总体减少了60%以上。同时，严格评奖标准，规范评奖程序，严肃评奖纪律，杜绝不正之风。七是大力扭转文艺评论风气，对各种不良艺术作品、现象、思潮敢于表明态度，在大是大非问题上敢于表明立场，“让人民满意”越来越成为文艺作品的评价标准。八是国家对文艺创作的支持力度逐渐加大，出台了更健全的法律法规，制定了更加有效的方针政策，采取了更有力的扶持措施。比如出台支持戏曲传承发展的政策，并即将出台电影产业促进法。

总体来说，“十二五”以来特别是习近平总书记文艺工作座谈会讲话以来，广大文艺工作者的创造活力不断迸发，创作力度明显加大，我国文艺呈现出繁荣发展的生动景象。

10. 党的十八大以来，我们党提出和形成了哪些治国理政新理念新思想新战略？

党的十八届五中全会《公报》指出，党的十八大以来，以习近平同志为总书记的党中央毫不动摇坚持和发展中国特色社会主义，勇于实践、善于创新，深化对共产党执政规律、社会主义建设规律、人类社会发展规律的认识，形成一系列治国理政新理念新思想新战略，为在新的历史条件下深化改革开放、加快推进社会主义现代化提供了科学理论指导和行动指南。这一系列治国理政新理念新思想新战略包括中国梦、生态文明建设、全面深化改革、“四个全面”战略布局、经济发展新常态、创新驱动发展战略、“一带一路”建设、自由贸易区战略等。

(1)中国梦。十八大以来，习近平总书记多次提出并阐释实现中华民族伟大复兴的中国梦。实现中华民族伟大复兴的中国梦，就是要实现国家富强、民族振兴、人民幸福，中国梦是民族的梦，也是每个中国人的梦。习近平总书记将中国梦阐释为两个百年奋斗目标，对中国梦的实现进行了里程碑式的规划。他强调：“我坚信，到中国共产党成立 100 年时全面建成小康社会的目标一定能实现，到新中国成立 100 年时建成富强、民主、文明、和谐的社会主义现代化国家的目标一定能实现。”同时，习近平总书记还指出了实现中国梦的三项要求：必须走中国道路，即中国特色社会主义道路；必须弘扬中国精神，即以爱国主义为核心的民族精神，以改革创新为核心的时代精神；必须凝聚中国力量，即中国各族人民大团结的力量。这一伟大梦想的实现与我们的人民、我们的政府、我们的执政党息息相关，习近平总书记提出的中国梦是对中国共产党已有伟大成就的接力。

(2)生态文明建设。建设生态文明，是关系人民福祉、关乎民族未来的长远大计。自 2012 年党的十八大首提“美丽中国”、将生态文明纳入“五位一体”总体布局以来，习近平总书记无论在国内主持重要会议、考察调研，还是在国外访问、出席国际会议活动，常常强调建设生态文明、维护生态安全，有关重要讲话、论述、批示超过 60 次。“绿水青山就是金山银山”“APEC 蓝”“乡愁”等“习式生态词汇”广为人知。让山川林木葱郁，让大地遍染绿色，让天空湛蓝清新，让河湖鱼翔浅底，让草原牧歌欢唱……这是建设美丽中国的美好蓝图，也是实现永续发展的根本要求。党的十八大以来，以习近平同志为总书记的党中央高瞻远瞩战略谋划，着力创新发展理念，大力建设生态文明，引领中华民族在伟大复兴的征途上奋勇前行。“生态兴则文明兴，生态衰则文明衰”，“生态环境保护是功在当代、利在千秋的事业”。这是对生态与文明关系的鲜明阐释，彰显了中国共产党人对人类文明发展规律、自然规律和经济社会发展规律的深刻认识，丰富发展了马克思主义生态观。

(3)全面深化改革。党的十八大以来，习近平总书记围绕全面深化改革作出了一系列精辟论述，深刻回答了为什么要全面深化改革、怎样全面深化改革等重大理论和现实问题，特别是站在时代高度，对改革进行了多角度全方位的理论思考，将中国共产党的改革理论的系统探索推向了新的高度。“改革开放是决定当代中国命运的关键一招，也是决定实现‘两个100年’奋斗目标、实现中华民族伟大复兴的关键一招。”这一重要论述揭示了改革开放在当代中国发展中的决定性意义和关键性意义。“改革开放是一项长期的、艰巨的、繁重的事业，必须一代又一代人接力干下去，改革开放只有进行时没有完成时。”这是从马克思主义认识论的高度，对改革开放持久性的时态规律作出的科学结论。“我们的改革是在中国特色社会主义道路上不断前进的改革，既不走封闭僵化的老路，也不走改旗易帜的邪路”。这为我们在纷繁复杂的形势下推进改革指明了政治遵循。

(4)“四个全面”战略布局。“四个全面”是以习近平同志为总书记的党中央坚持问题导向、科学思维，以当代中国共产党人的全局视野和战略眼光坚定中国自信，立足中国实际，总结中国经验，针对中国难题提出来的全面推进中国特色社会主义伟大事业的总纲。全面建成小康社会是要解决社会主义现代化历史进程中的经济、社会协调发展的问题。全面深化改革的总目标是完善和发展中国特色社会主义制度、推进国家治理体系和治理能力的现代化。全面依法治国是要建成社会主义法治国家、法治政府和法治社会。全面从严治党是要建成一个领导社会主义现代化建设的坚强领导核心。“四个全面”具有整体性、系统性、协同性，是互相联系、相辅相成、相得益彰的，它全面地回答了中国特色社会主义建设中的全部问题。“四个全面”战略布局的提出，体现出了新一届中央领导集体治国理政的总体框架和顶层设计，也是实现中华民族伟大复兴中国梦的战略路线图。“四个全面”总方略是马克思主义基本原理与当今中国具体实际相结合的理论创新成果，丰富和发展了中国特色社会主义理论体系，是我们在新时期进行中国特色社会主义建设的锐利思想武器。

11. 党的十八大以来，我们党在加强作风建设方面主要采取了哪些措施？

执政党的党风，关系党的生死存亡。党的十八大以来，中央聚焦解决“四风”问题，以锲而不舍、驰而不息的精神狠抓作风建设。

一是制定实施八项规定。这是新一届党中央加强作风建设的切入口和动员令。中央领导同志带头示范，各地区各部门迅速行动，经过两年多的持续努力，八项规定精神深入人心，成为作风建设的代名词，所规范的内容大大拓展，正由最初的改进考察调研、精简会议文件、规范出访活动等方面，不断向推进公车改革、治理超标办公用房、规范高级干部公有住房管理、清理“裸官”和“吃空饷”、清理整治高尔夫球场等诸多领域拓展延伸。八项规定实施以来，全国共查处违反八项规定精神的问题 8.2 万起，处理党员干部 10.9 万人。

二是扎实开展党的群众路线教育实践活动。历时一年多的党的群众路线教育实践活动对党内思想之尘、作风之弊、行为之垢进行了一次大排查大检修大扫除，广大党员干部受到马克思主义群众观点的深刻教育，贯彻党的群众路线的自觉性和坚定性明显增强；“四风”问题得到有力整治，一大批多年积累的矛盾和问题得到有效化解；打通联系服务群众的“最后一公里”，党的执政基础更加稳固。

三是深入推进“三严三实”专题教育。“三严三实”专题教育作为党的群众路线教育实践活动的延展深化，作为加强党的思想政治建设和作风建设的重要举措，主要是贯彻从严标准、突出问题导向、坚持以上率下，组织开展集中学习、专题党课、专题研讨、查摆整改，不断巩固拓展作风建设的成果。习近平总书记强调，践行"三严三实"，要立根固本，挺起精神脊梁；要落细落小，注重细节小事；要修枝剪叶，自觉改造提高；要从谏如流，自觉接受监督。

12."十三五"时期我国发展环境的基本特征是什么？

"十三五"规划是本届中央领导集体主持编制并完整实施的一个五年规划，是中国跨越"中等收入陷阱"向更高发展阶段迈进的艰难跃升，是迎来全面建成小康社会这"第一个百年目标"的最后冲刺，也是跋涉在民族复兴之路上的社会主义中国的关键一程。党的十八届五中全会深入分析了"十三五"时期我国发展环境的基本特征，认为我国发展仍处于可以大有作为的重要战略机遇期，也面临诸多矛盾叠加、风险隐患增多的严峻挑战。我们要准确把握战略机遇期内涵的深刻变化，更加有效地应对各种风险和挑战，继续集中力量把自己的事情办好，不断开拓发展新境界。

一方面，和平与发展的时代主题没有变，世界多极化、经济全球化、文化多样化、社会信息化深入发展，世界经济在深度调整中曲折复苏，新一轮科技革命和产业变革蓄势待发，全球治理体系深刻变革，发展中国家群体力量继续增强，国际力量对比逐步趋向平衡。同时，国际金融危机深层次影响在相当长时期依然存在，全球经济贸易增长乏力，保护主义抬头，地缘政治关系复杂变化，传统安全威胁和非传统安全威胁交织，外部环境不稳定不确定因素增多。

另一方面，我国物质基础雄厚、人力资本丰富、市场空间广阔、发展潜力巨大，经济发展方式加快转变，新的增长动力正在孕育形成，经济长期向好基本面没有改变。同时，发展不平衡、不协调、不可持续问题仍然突出，主要是发展方式粗放，创新能力不强，部分行业产能过剩严重，企业效益下滑，重大安全事故频发；城乡区域发展不平衡；资源约束趋紧,生态环境恶化趋势尚未得到根本扭转;基本公共服务供给不足,收入差距较大,人口老龄化加快,消除贫困任务艰巨;人们文明素质和社会文明程度有待提高;法治建设有待加强;领导干部思想作风和能力水平有待提高,党员、干部先锋模范作用有待强化。我们必须增强忧患意识、责任意识,着力在优化结构、增强动力、化解矛盾、补齐短板上取得突破性进展。

13.“十三五”时期我国发展的指导思想是什么?

党的十八届五中全会提出了“十三五”时期我国发展的指导思想:高举中国特色社会主义伟大旗帜,全面贯彻党的十八大和十八届三中、四中全会精神,以马克思列宁主义、毛泽东思想、邓小平理论、“三个代表”重要思想、科学发展观为指导,深入贯彻习近平总书记系列重要讲话精神,坚持全面建成小康社会、全面深化改革、全面依法治国、全面从严治党的战略布局,坚持发展是第一要务,以提高发展质量和效益为中心,加快形成引领经济发展新常态的体制机制和发展方式,保持战略定力,坚持稳中求进,统筹推进经济建设、政治建设、文化建设、社会建设、生态文明建设和党的建设,确保如期全面建成小康社会,为实现第二个百年奋斗目标、实现中华民族伟大复兴的中国梦奠定更加坚实的基础。

14.“四个全面”首次写进全会公报,成为中国发展指导思想的意义是什么?

十八届五中全会《公报》三次提及坚持“四个全面”战略布局,并将其与“马克思列宁主义、毛泽东思想、邓小平理论、‘三个代表’重要思想、科学发展观为指导,深入贯彻习近平总书记系列重要讲话精神”一起列为“十三五”时期我国发展的指导思想。先前习近平总书记江苏调研考察时曾提出“四个全面”重要思想,也即全面建成小康社会、全面深化改革、全面依法治国、全面从严治党,使得当前和今后一个时期党和国家工作的关键环节、重点领域、主攻方向更加清晰。而今十八届五中全会指出了发展要坚持的原则和遵循的理念，以及各种理念下可能要采取的对策建议，无形中也是对“四个全面”的进一步推进。

第一，从时间轴来看，“四个全面”是在不同高层会议场合逐步提出的。2012 年 11 月十八大提出全面建成小康社会；2013 年 11 月十八届三中全会提出全面深化改革；2014 年 10 月十八届四中全会提出全面推进依法治国；2014 年 10 月 8 日党的群众路线教育实践活动总结大会上提出全面推进从严治党。2015 年 2 月 2 日，习近平总书记在省部级主要领导干部学习贯彻十八届四中全会精神全面推进依法治国专题研讨班开班仪式上的讲话中集中论述了“四个全面”战略布局的逻辑关系。这是习近平总书记首次在正式讲话场合集中阐述四者关系，宣示了“四个全面”已成为以习近平为总书记的党中央治国理政的全新布局。它作为中国未来治国理政的最高的一个理念，对未来中国的改革发展既是一个理论指导，也是一个实践路径。十八届五中全会是全面体现落实“四个全面”的一次会议，“十三五”规划应该也是按照“四个全面”的主导思想来规划的。

第二，全面建成小康社会，“中国梦”更加可期。习近平总书记提出“全面建成小康社会”，已经指明了实现“中国梦”的阶段性目标。十八届五中全会明确“十三五”时期是全面建成小康社会决胜阶段，“十三五”规划必须围绕这个目标来制定，并细化了全面建成小康社会新的目标要求，首次提出“创新、协调、绿色、开放、共享”发展理念，已让“中国梦”更加可期。

第三，稳中求进谱华章，深化改革谋新篇。当前经济发展已经步入新常态，要想实现全面建成小康社会宏伟目标就离不开全面深化改革。习近平总书记就曾指出：“实现党的十八大描绘的全面建成小康社会、加快推进社会主义现代化、实现中华民族伟大复兴的宏伟蓝图，要求全面深化改革。”在十八届五中全会《公报》全文中仅“改革”二字就出现 11 次，足以体现中央的改革决心。

第四，奉法者强则国强，奉法者弱则国弱。习近平总书记提出“全面推进依法治国”，也就是着眼于实现中华民族伟大复兴中国梦、实现党和国家长治久安的长远考虑。十八届五中全会明确强调要全面提高党依据宪法法律治国理政、依据党内法规管党治党的能力和水平，若能实现不仅可以为推进“四个全面”提供强有力的司法保障，无形中也将推动全面依法治国更进一步。

第五，治国必先治党，治党务必从严。十八届五中全会审议并通过了令计划、周本顺等人严重违纪问题审查报告，确认了令计划、周本顺等人开除党籍的处分，并明确强调要坚持全面从严治党、依规治党，深入推进党风廉政建设和反腐败斗争，着力构建不敢腐、不能腐、不想腐的体制机制，当然能够为从严治党“高压线”通上“电”，为经济发展社会进步提供坚强政治保证。

苦干实现梦想，奋斗成就伟业。党的十八届五中五中全会已经为“四个全面”稳步推进布好了局，勾勒出了未来 5 年我们的发展目标，接下来要做的就是继续发扬筚路蓝缕、以启山林那么一种精神，继续保持空谈误国、实干兴邦那么一种警醒，紧紧依靠人民啃下经济社会发展中的“硬骨头”，将“四个全面”不断推向前进，也让 13 亿民众享受到更多的发展红利。

15. 实现全面建成小康社会奋斗目标必须坚持哪六大原则？

全面建成小康社会这一宏伟目标，是“中国梦”的具体体现，“十三五”是百年大业最关键的冲刺五年。发展是硬道理，是解决中国问题的关键。全面小康不仅要追求发展的速度，更要强调发展的科学性和可持续性。同时，这是全体中国人民的小康，要让包括贫困人口在内的更广大的人民群众，都能感受到社会发展的成果。这是国家治理理念现代化的重大推进。党的十八届五中全会《建议》强调：要如期实现全面建成小康社会奋斗目标，必须遵循“坚持人民主体地位，坚持科学发展，坚持深化改革，坚持依法治国，坚持统筹国内国际两个大局，坚持党的领导”等原则。这“六个坚持”，是确保经济社会持续健康发展的基本遵循，是引领发展理念和发展方式转变的重要指针，护航中国发展实现全面建成小康社会。

到2020年全面建成小康社会，是我们党确定的“两个一百年”奋斗目标的第一个百年目标。在“两个百年”的视野中，在实现“中国梦”的征程上，“十三五”规划的五年，恰是中华民族复兴史上特殊而关键的五年。如果说“四个全面”是战略布局，“十三五”规划就是战役部署。如期全面建成小康社会，必须坚持这六大原则。

一是坚持人民主体地位。人民是推动发展的根本力量，实现好、维护好、发展好最广大人民根本利益是发展的根本目的。必须坚持以人民为中心的发展思想，把增进人民福祉、促进人的全面发展作为发展的出发点和落脚点，发展人民民主，维护社会公平正义，保障人民平等参与、平等发展权利，充分调动人民积极性、主动性、创造性。

二是坚持科学发展。发展是硬道理，发展必须是科学发展。我国仍处于并将长期处于社会主义初级阶段，基本国情和社会主要矛盾没有变，这是谋划发展的基本依据。必须坚持以经济建设为中心，从实际出发，把握发展新特征，加大结构性改革力度，加快转变经济发展方式，实现更高质量、更有效率、更加公平、更可持续的发展。

三是坚持深化改革。改革是发展的强大动力。必须按照完善和发展中国特色社会主义制度、推进国家治理体系和治理能力现代化的总目标，健全使市场在资源配置中起决定性作用和更好发挥政府作用的制度体系，以经济体制改革为重点，加快完善各方面体制机制，破除一切不利于科学发展的体制机制障碍，为发展提供持续动力。

四是坚持依法治国。法治是发展的可靠保障。必须坚定不移走中国特色社会主义法治道路，加快建设中国特色社会主义法治体系，建设社会主义法治国家，推进科学立法、严格执法、公正司法、全民守法，加快建设法治经济和法治社会，把经济社会发展纳入法治轨道。

五是坚持统筹国内国际两个大局。全方位对外开放是发展的必然要求。必须坚持打开国门搞建设，既立足国内，充分运用我国资源、市场、制度等优势，又重视国内国际经济联动效应，积极应对外部环境变化，更好利用两个市场、两种资源，推动互利共赢、共同发展。

六是坚持党的领导。党的领导是中国特色社会主义制度的最大优势，是实现经济社会持续健康发展的根本政治保证。必须贯彻全面从严治党要求，不断增强党的创造力、凝聚力、战斗力，不断提高党的执政能力和执政水平，确保我国发展航船沿着正确航道破浪前进。

16. 实现全面建成小康社会为什么必须坚持人民主体地位？

在全面建成小康社会必须坚持的六项原则中，坚持人民主体地位放在首位。同时，在六项原则中，人民主体地位是贯穿始终的一条主线，这也是对中国共产党全心全意地为人民服务这一宗旨的更为全面、具体的阐述。"人民对美好生活的向往，就是我们的奋斗目标"，这是我们党对全国人民的郑重宣誓。全面建成小康社会，是实现共同富裕的小康社会。因此，必须着力解决人民最关心最直接最现实的利益问题，始终坚持以人民的根本利益为遵循，使全体人民在共建共享发展中拥有更多获得感。

第一，坚持人民主体地位，首先是指人民当家作主的地位。这是我国宪法的基本精神，是由我国的国体决定的。《宪法》规定，中华人民共和国成立以后，"中国人民掌握了国家的权力，成为国家的主人。""中华人民共和国的一切权力属于人民。""人民依照法律规定，通过各种途径和形式，管理国家事务，管理经济和文化事业，管理社会事务。""一切国家机关和国家工作人员必须依靠人民的支持，经常保持同人民的密切联系，倾听人民的意见和建议，接受人民的监督，努力为人民服务。""中华人民共和国公民对于任何国家机关和国家工作人员，有提出批评和建议的权利……"认真坚持和实践我国宪法的这些基本精神，对于我国经济、政治、文化、社会、生态建设和党的建设具有基础性、方向性的重要意义。

第二，坚持人民主体地位，就是必须明确认识，人民是建设祖国的主体。如期实现全面建成小康社会奋斗目标，必须全心全意地依靠人民，激发人民的主人翁精神，充分发挥人民群众的积极性、创造性和主动性。只有团结人民，依靠人民，才能实现创新发展的各项目标。

第三，坚持人民主体地位，就是坚持共享发展。坚持发展为了人民、发展依靠人民、发展成果由人民共享，作出更有效的制度安排，使全体人民在共建共享发展中有更多获得感，增强发展动力，增进人民团结，朝着共同富裕方向稳步前进。十八届五中全会对保障基本民生提出了更加具体的要求和措施。比如，增加公共服务供给，实施脱贫攻坚工程，实施精准扶贫、精准脱贫，提高教育质量，推动义务教育均衡发展，普及高中阶段教育等。这些措施，显示了共享发展的丰富内涵。

第四，坚持人民主体地位，就是认真贯彻党的群众路线，对于经济社会发展重大问题和涉及群众切身利益问题，加强同人民群众的协商，依法保障人民群众各项权益。倾听人民的呼声，虚心听取人民的意见、建议、批评，实现决策的民主化、科学化。

第五，坚持人民主体地位，就是使国家机关和执政党始终置于人民群众的监督之下，保持清明、廉洁的本色。就要坚持全面从严治党，深入推进党风廉政建设和反腐败斗争，积极营造风清气正的政治生态，保持奋发有为的精神状态，保持谦虚、谨慎，不骄不躁的作风，努力实现干部清正、政府清廉、政治清明，为经济社会发展提供坚强的政治保证。就是始终把人民满意不满意作为衡量党和政府工作的根本标准，坚持一切从人民的利益出发，把改善人民物质文化生活、维护人民政治权利作为党和国家工作的根本目标。

17. 实现全面建成小康社会为什么必须坚持科学发展？

实现全面建成小康社会，坚持科学发展是路径。科学发展，意味着更高质量、更有效率、更加公平、更可持续的发展。只有始终坚持科学发展的路径，以发展理念和发展方式的转变，推动发展质量和效益的提升，才能实现跨越“中等收入陷阱”、向更高发展阶段迈进的艰难跃升，做到蹄疾步稳、行稳致远。

首先，发展仍是解决我国所有问题的关键，是坚持科学发展的根本依据。党的十八大以来，习近平总书记立足新的历史条件，围绕科学发展作出一系列重要论述，特别强调：在当代中国，坚持发展是硬道理的本质要求就是坚持科学发展。习近平总书记关于科学发展的重要论述，丰富了我们党关于发展的科学理论，为推进经济社会全面协调可持续发展，开拓中国特色社会主义的新境界进一步指明了方向。他还强调：“在全面深化改革中，我们要坚持发展仍是解决我国所有问题的关键这个重大战略判断。”这个重大战略判断，是运用唯物史观基本原理，深入分析当代中国实际和时代特征得出的科学结论，是推动科学发展的根本依据。

其次，发展是中国特色社会主义的主题，是我们党执政兴国的第一要务，是解决中国一切问题的“金钥匙”。我国从上世纪 50 年代生产资料私有制的社会主义改造基本完成，到新中国成立 100 周年社会主义现代化基本实现，都属于社会主义初级阶段，都面临着一个主要矛盾，即人民日益增长的物质文化需要同落后的社会生产之间的矛盾，都必须把发展作为执政兴国的第一要务，把经济建设作为党和国家工作的中心。改革开放 30 多年来，我国之所以能取得举世瞩目的历史性成就，从根本上说就是抓住了这个第一要务和中心。这些年来，我们之所以能办成了一系列大事，办好了一系列喜事，办妥了一系列难事，从根本上说，都以发展积累的雄厚物质基础为基本前提。没有发展这个保证，中国特色社会主义就难以前进一步。

再次，科学发展是我们在前进道路上攻坚克难，实现民族复兴中国梦的根本保证。科学发展观是针对时代问题而产生的。目前，我国经济总量已稳居世界第二，但人均国内生产总值仍远低于发达国家。经济结构不合理和粗放型经济增长方式还没有根本改变，城乡、区域、经济社会发展不够协调，人口资源环境压力加大，就业、社会保障、教育、医疗等民生问题依然比较突出。要解决这些前进道路上的复杂矛盾和问题，实现中华民族伟大复兴，仅仅追求发展“量”的累积是不够的，还必须依靠科学发展以实现“质”的突破。发展是硬道理，但没有科学发展，这个道理就可能“硬”不起来。只有坚持以人为本，推动全面协调可持续发展，民族复兴的中国梦才可能真正实现。

18. 实现全面建成小康社会为什么必须坚持深化改革？

实现全面建成小康社会，坚持深化改革是动力。经济的持续健康发展，归根结底要靠内生动力和活力的不断激发。坚持深化改革，就是要以转方式、调结构为落脚点，加快完善各方面体制机制，进一步转变政府职能，为推动发展提供持续动力。

在“四个全面”战略布局中，全面建成小康社会是战略目标，全面深化改革、全面依法治国、全面从严治党是三大战略举措。居于三大战略举措之首的“全面深化改革”对全面建成小康社会则有着重要意义。

第一，“全面深化改革”让中国道路越走越宽。党的十八届三中全会以全面深化改革为主题，擘画改革新蓝图、吹响改革集结号，将全面深化改革的总目标确定为“完善和发展中国特色社会主义制度、推进国家治理体系和治理能力现代化”。党的十八大以来，以习近平同志为总书记的党中央站在全局和历史的高度，明确了全面深化改革的战略布局，实现了改革理论和政策的一系列重大突破，形成了全面深化改革的重要战略思想。今天的改革，不只为了应对挑战，更是为了把握机遇；不只为了短期目标，更是为了图之长远；不只是时代要求，更是历史责任。全面深化改革要塑造的，是一个更有实力引领时代的社会主义中国。

第二，全面深化改革的根本在“改革”，关键在“深化”，重点在“全面”。改革开放是一个系统工程，必须坚持全面改革，在各项改革协同配合中推进。体现在方法论上，就是要“审大小而图之，酌缓急而布之，连上下而通之，衡内外而施之”，充分考虑各项改革举措之间的关联性、耦合性，努力做到眼前和长远相统筹、全局和局部相配套、渐进和突破相衔接，协调各方利益关系，最大限度减少阻力。同时，也要立足全局抓大事，善于抓住“牛鼻子”，以重要领域和关键环节作为突破口，在牵一发而动全身的关键点上集中发力，使各项改革举措在政策取向上相互配合、在实施过程中相互促进、在实际成效上相得益彰，在国家治理体系和治理能力现代化上形成总体效应、取得总体效果。

第三，在“四个全面”战略布局下审视，改革既是驱动力，也是凝聚力；既是方法路径，也是精神内核。对于全面建成小康社会，改革是贯穿始终的不变逻辑，也是实现这一宏伟目标的具体历史实践。对于全面依法治国，改革是齐头并进的姊妹篇，全面深化改革需要法治保障，全面依法治国也需要深化改革。对于全面从严治党，改革是党自我净化、自我完善、自我革新、自我提高的根本途径，党的领导则是实现改革发展目标的根本保证。把全面深化改革放在“四个全面”中去定位，放在历史和现实的坐标中去把握，我们才能深刻理解为何新一轮改革要在各个领域统筹推进，为何全面深化改革是推动发展的强大动力。

第四，改革开放30多年来，中国改革循着从易到难、从局部到全局、从增量到存量的顺序展开。今天的改革，涉及的利益关系错综复杂、环环相扣，需要顶层设计，必须全面启动。与过去相比，今天的改革既呼唤坚定果敢的行动、百折不回的信念，也呼唤全面系统的认识论、攻坚克难的方法论。习近平总书记关于改革的一系列重要论断，有“冲破思想观念障碍，突破利益固化藩篱”的勇气，有“敢于啃硬骨头，敢于涉险滩”的决心，有“改革开放只有进行时没有完成时”的坚韧，有“没有比人更高的山，没有比脚更长的路”的气魄，针对的是当今中国的基本国情和时代特点，直面的是改革深水区攻坚期的特殊阶段，回应的是中国特色社会主义道路的新要求，彰显了当代共产党人执着的改革品格、鲜明的改革气质、奋发的改革精神。

19. 实现全面建成小康社会为什么必须坚持依法治国？

实现全面建成小康社会，坚持依法治国是保障。科学发展，必须通过法治来纠正和克服发展过程中各种重速度轻效益、重总量轻质量、重效率轻公平、重局部轻全局、重当前轻长远的做法。用法治思维、法治方式解决改革中的问题和矛盾,用法治精神凝聚社会共识和力量,从而为推动发展提供强有力的制度保障。

在"四个全面"战略布局中,三个战略举措一个都不能缺。不全面深化改革,发展就缺少动力,社会就没有活力;不全面依法治国,国家生活和社会生活就不能有序运行,就难以实现社会和谐稳定;不全面从严治党,党就做不到"自身硬",也就难以发挥好领导核心作用。当前,全面建成小康社会进入决定性阶段,改革发展进入攻坚期和深水区,经济发展进入新常态,我们党面对的改革发展稳定任务之重前所未有、矛盾风险挑战之多前所未有,依法治国在党和国家工作全局中的地位更加突出、作用更加重要。从"四个全面"战略布局看,做好全面依法治国各项工作意义十分重大。没有全面依法治国,我们就治不好国、理不好政,我们的战略布局就会落空,实现全面建成小康社会的目标就无法如期实现。

第一,全面依法治国是全面建成小康社会的必由之路。在"四个全面"战略布局中,全面建成小康社会与全面依法治国是目标与措施、目的与途径的关系。战略举措服从战略目标,战略目标依托战略举措。全面依法治国是全面建成小康社会的内在要求和必由之路。确保到2020年实现全面建成小康社会宏伟目标,必须同步推进全面建成小康社会与全面依法治国。从现代化进程看,全面建成小康社会是实现"两个一百年"奋斗目标的关键一步,法治化是现代化的必由之路。我们要在13亿人口的大国实现社会主义现代化,必须加快推进法治化,这是中国特色社会主义法治道路的必然选择。

第二,改革与法治互为动力、相辅相成。习近平总书记形象地说,要让全面深化改革、全面推进依法治国如鸟之两翼、车之双轮,推动全面建成小康社会的目标如期实现。只有在法治下推进改革、在改革中完善法治,"鸟之两翼、车之双轮"才能更好发挥作用。一方面,改革必须于法有据。全面深化改革只有在法治的轨道上推进,才能保证改革航船不会跑偏甚至倾覆;另一方面,法律必须与时俱进。法治领域也是改革的重要方面,不适应时代要求的法律法规必须废止和修订。法治是国家治理体系和治理能力现代化的重要依托,中国特色社会主义法治体系本身就是中国特色社会主义制度的重要组成部分。中国特色社会主义法治体系作为国家治理体系的骨干工程,其要义是不仅改革需要法治保障,改革的成果也需要以法律的形式固定下来。

第三,全面从严治党是全面依法治国的根本保证。党和法的关系是一个根本问题。习近平总书记指出,党的领导和社会主义法治是一致的。一方面,社会主义法治必须坚持党的领导。党的领导是中国特色社会主义最本质的特征,是社会主义法治最根本的保证。把党的领导贯彻到依法治国全过程和各方面,是我国社会主义法治建设的一条基本经验。另一方面,党的领导必须依靠社会主义法治。我们党依法执政,既要求依据宪法法律治国理政,也要求党依据党内法规管党治党。把权力关进制度的笼子里,是对全面从严治党最形象的诠释,也是对依法治国和从严治党关系最生动的表述。我们党经过90多年的实践探索,形成了一整套系统完备、运行有效的党内法规。这既是我们党的一大政治优势,也是全面依法治国、建设社会主义法治国家的政治保证。

20. 实现全面建成小康社会为什么必须坚持统筹国内国际两个大局?

实现全面建成小康社会,坚持统筹国内国际两个大局是基础。中国的发展,离不开和平稳定的国际环境。而作为世界第二大经济体,中国也需要以更开阔的视野、更包容的心态,积极推动和参与世界经济治理机制变革,形成深度融合的互利合作格局,构建合作共赢的"命运共同体",在世界舞台上唱好"中国声音"。

党的十八届四中全会提出,面对新形势新任务,我们党要更好统筹国内国际两个大局,更好维护和运用我国发展的重要战略机遇期,更好统筹社会力量、平衡社会利益、调节社会关系、规范社会行为,使我国社会在深刻变革中既生机勃勃又井然有序，实现经济发展、政治清明、文化昌盛、社会公正、生态良好，实现我国和平发展的战略目标，必须更好发挥法治的引领和规范作用。习近平总书记在中共中央政治局第二十七次集体学习时讲话强调，我们参与全球治理的根本目的，就是服从服务于实现"两个一百年"奋斗目标、实现中华民族伟大复兴的中国梦。要审时度势，努力抓住机遇，妥善应对挑战，统筹国内国际两个大局，推动全球治理体制向着更加公正合理方向发展，为我国发展和世界和平创造更加有利的条件。

当今世界是一个变革的世界，是一个新机遇新挑战层出不穷的世界，是一个国际体系和国际秩序深度调整的世界，是一个国际力量对比深刻变化并朝着有利于和平与发展方向变化的世界。中国要发展，必须顺应世界发展潮流。要树立世界眼光、把握时代脉搏，要把当今世界的风云变幻看准、看清、看透，从林林总总的表象中发现本质，尤其要认清长远趋势。要充分估计国际格局发展演变的复杂性，更要看到世界多极化向前推进的态势不会改变。要充分估计世界经济调整的曲折性，更要看到经济全球化进程不会改变。要充分估计国际矛盾和斗争的尖锐性，更要看到和平与发展的时代主题不会改变。要充分估计国际秩序之争的长期性，更要看到国际体系变革方向不会改变。要充分估计我国周边环境中的不确定性，更要看到亚太地区总体繁荣稳定的态势不会改变。

同时，我国已经进入了实现中华民族伟大复兴的关键阶段。中国与世界的关系在发生深刻变化，我国同国际社会的互联互动也已变得空前紧密，我国对世界的依靠、对国际事务的参与在不断加深，世界对我国的依靠、对我国的影响也在不断加深。我们观察和规划改革发展，必须统筹考虑和综合运用国际国内两个市场、国际国内两种资源、国际国内两类规则。中国必须有自己特色的大国外交，要坚持独立自主的和平外交方针，坚持把国家和民族发展放在自己力量的基点上，坚定不移走自己的路，走和平发展道路，同时决不能放弃我们的正当权益，决不能牺牲国家核心利益。

我们要坚持合作共赢，推动建立以合作共赢为核心的新型国际关系，坚持互利共赢的开放战略，把合作共赢理念体现到政治、经济、安全、文化等对外合作的方方面面。要坚持正确义利观，做到义利兼顾，要讲信义、重情义、扬正义、树道义。要切实运筹好大国关系，构建健康稳定的大国关系框架，扩大同发展中大国的合作。要切实加强同发展中国家的团结合作，把我国发展与广大发展中国家共同发展紧密联系起来。要切实推进多边外交，推动国际体系和全球治理改革，增加我国和广大发展中国家的代表性和话语权。要切实加强务实合作，积极推进"一带一路"建设，努力寻求同各方利益的汇合点，通过务实合作促进合作共赢。要切实落实好正确义利观，做好对外援助工作，真正做到弘义融利。要切实维护我国海外利益，不断提高保障能力和水平，加强保护力度。

21. 实现全面建成小康社会为什么必须坚持党的领导？

实现全面建成小康社会，坚持党的领导是保证。"党坚强有力，党同人民保持血肉联系，国家就繁荣稳定，人民就幸福安康。"这是我们党在长期执政过程中得出的经验总结。中国共产党是执政党，党的领导是中国特色社会主义最本质的特征，是做好党和国家各项工作的根本保证。坚持党的领导，首先是要坚持党中央的集中统一领导，这是一条根本的政治规矩。实现"两个一百年"奋斗目标、实现中华民族伟大复兴的中国梦，统筹全面建成小康社会、全面深化改革、全面依法治国、全面从严治党，是前无古人的伟大事业，是艰巨繁重的系统工程，必须加强党中央的集中统一领导，以保证正确方向、形成强大合力。

第一，中国共产党作为中国特色社会主义事业的领导核心，是历史的选择、人民的选择，是经过长期艰苦卓绝的努力并付出巨大牺牲确立的。这一历史地位，是通过中国共产党把马克思主义基本原理同中国实际和时代特征相结合、顺应时代发展潮流和社会发展进步要求、反映全国各族人民利益和愿望，创立科学理论，制定和执行正确的路线方针政策赢得的；是通过我们党坚持不懈加强自身建设，不断解决自身存在的突出矛盾和问题，确保党始终走在时代前列赢得的；是通过广大共产党员以对人民的无限忠诚和自我牺牲精神，前仆后继、无私奉献，创造无数惊天地、泣鬼神的英雄业绩，造就无数全心全意为人民谋利益的光辉楷模赢得的。

第二，坚持党的领导，就必须坚持立党为公、执政为民。始终不渝坚持马克思主义群众观点和党的群众路线，坚持人民发展中国特色社会主义的主体地位，把人民利益放在第一位，把实现好、维护好、发展好最广大人民根本利益作为党和国家一切工作的出发点和落脚点。正确处理最广大人民根本利益、现阶段群众共同利益、不同群体特殊利益的关系，统筹各方面利益关切，着力解决人民最关心最直接最现实的利益问题，切实维护人民群众的经济、政治、文化、社会、生态等各方面权益。凡是涉及群众切身利益的重大决策，都要充分听取群众的意见和建议，充分考虑群众的承受能力，全面评估可能影响群众利益和社会稳定的各种问题。凡是关系群众切身利益的小事，雪中送炭的好事，打基础、利长远、惠民生的难事，都要自觉主动地办、持之以恒地办、用心用情用力地办，让群众时刻感受到党和政府的关怀。凡是涉及群众反映强烈的突出问题，都要通过强化责任、健全制度、落实到人，推动有关方面形成合力，妥善加以解决，对于损害群众利益的失职渎职和违纪违法行为，要坚决查处，决不姑息。

第三，坚持党的领导，就必须全面从严治党。未来五年是全面建成小康社会、实现“两个一百年”奋斗目标第一个百年奋斗目标的决战决胜阶段。使命光荣，目标宏伟，中国共产党只有从严要求自己，才能肩负起神圣的历史使命，团结带领全国各族人民战胜发展过程中所面临的各种风险挑战，夺取全面建成小康社会的伟大胜利。办好中国的事情，关键在党。中国近代以来的历史反复证明，中国共产党是实现中华民族伟大复兴的中流砥柱，是保障“中华号”巨轮行稳致远的坚强舵手。中华民族和中国共产党的前途命运紧紧联系在一起，构成最为紧密的

"命运共同体"。只有坚持全面从严治党,不断提高党的领导水平和执政水平、提高拒腐防变和抵御风险的能力,不断增强自我净化、自我完善、自我革新、自我提高能力,才能确保我们党始终成为中国特色社会主义事业的坚强领导核心,为中华民族复兴伟业提供方向指引,凝聚共识和力量。从十八大报告宣誓严惩腐败,到中央政治局出台八项规定,再到五中全会召开前夕中共中央印发《中国共产党廉洁自律准则》和《中国共产党纪律处分条例》,党的思想建设、组织建设、作风建设、反腐倡廉建设和制度建设扎实推进,一步一个脚印。正是在党的坚强领导下,即便面对错综复杂的国际环境和艰巨繁重的国内改革发展稳定任务,我们依然抓住了战略机遇,打赢了攻坚之役,奋力开创了党和国家事业发展的新局面。

站在历史的十字路口,历史使命越光荣,奋斗目标越宏伟,执政环境越复杂,我们就越要增强忧患意识,越要从严治党。只有全面从严治党,经济社会发展才能获得坚强政治保证,适应新常态、把握新常态、引领新常态;只有全面从严治党,才能防止腐败吞噬改革成果,实现共享发展,让人民有更多获得感;只有全面从严治党,才能营造风清气正的政治生态,形成敢于担当、奋发有为的精神状态,汇聚起实现中华民族伟大复兴的磅礴力量。

党强则国强,党弱则国弱。到2020年全面建成小康社会,这是我们党对人民的郑重承诺。承诺就是使命,使命就要担当。从苦难走向辉煌,从落后走向复兴,只有始终坚持全面从严治党,我们党才能顺利实现自己的使命,如期兑现对人民的承诺。

第二章　“十三五”时期经济社会发展的主要目标和基本理念

“十三五”时期是全面建成小康社会、实现我们党确定的“两个一百年”奋斗目标的第一个百年奋斗目标的决胜阶段。面对经济发展新常态带来的新趋势新机遇和新矛盾新挑战，要实现全面建成小康社会，促进经济社会发展，必须确立新的发展理念，用新的发展理念引领发展行动。为此，十八届五中全会《建议》提出：实现“十三五”时期发展目标，破解发展难题，厚植发展优势，必须牢固树立并切实贯彻创新、协调、绿色、开放、共享的发展理念。

22. 党的十八届五中全会提出的全面建成小康社会新的目标要求是什么？

全面建成小康社会有两大前提，一个是“五位一体”，就是经济建设、政治建设、文化建设、社会建设、生态文明建设“五位一体”；另一个是“四个全面”，就是全面建成小康社会、全面深化改革、全面依法治国、全面从严治党。按照“五位一体”和“四个全面”战略布局的要求，十八届五中全会《建议》提出了五个方面的目标要求：一是经济保持中高速增长；二是人民生活水平和质量普遍提高；三是国民素质和社会文明程度显著提高；四是生态环境质量总体改善；五是各方面制度更加成熟定型。

(1)经济保持中高速增长。在提高发展平衡性、包容性、可持续性的基础上，到 2020 年国内生产总值和城乡居民人均收入比 2010 年翻一番。主要经济指标平衡协调，发展空间格局得到优化，投资效率和企业效率明显上升，工业化和信息化融合发展水平进一步提高，产业迈向中高端水平，先进制造业加快发展，新产业新业态不断成长，服务业比重进一步上升，消费对经济增长贡献明显加大。户籍人口城镇化率加快提高。农业现代化取得明显进展。迈进创新型国家和人才强国行列。

（2）人民生活水平和质量普遍提高。就业比较充分，就业、教育、文化、社保、医疗、住房等公共服务体系更加健全，基本公共服务均等化水平稳步提高。教育现代化取得重要进展，劳动年龄人口受教育年限明显增加。收入差距缩小，中等收入人口比重上升。我国现行标准下农村贫困人口实现脱贫，贫困县全部摘帽，解决区域性整体贫困。

（3）国民素质和社会文明程度显著提高。中国梦和社会主义核心价值观更加深入人心，爱国主义、集体主义、社会主义思想广泛弘扬，向上向善、诚信互助的社会风尚更加浓厚，人民思想道德素质、科学文化素质、健康素质明显提高，全社会法治意识不断增强。公共文化服务体系基本建成，文化产业成为国民经济支柱性产业。中华文化影响持续扩大。

（4）生态环境质量总体改善。生产方式和生活方式绿色、低碳水平上升。能源资源开发利用效率大幅提高，能源和水资源消耗、建设用地、碳排放总量得到有效控制，主要污染物排放总量大幅减少。主体功能区布局和生态安全屏障基本形成。

（5）各方面制度更加成熟更加定型。国家治理体系和治理能力现代化取得重大进展，各领域基础性制度体系基本形成。人民民主更加健全，法治政府基本建成，司法公信力明显提高。人权得到切实保障，产权得到有效保护。开放型经济新体制基本形成。中国特色现代军事体系更加完善。党的建设制度化水平显著提高。

23."十三五"时期经济社会发展的基本理念是什么？

理念是行动的先导。关于如何完善"十三五"时期经济社会发展基本理念，十八届五中全会《建议》指出，实现"十三五"时期发展目标，破解发展难题，厚植发展优势，必须牢固树立创新、协调、绿色、开放、共享的“五大发展”理念。“五大发展”理念，是关系我国发展全局的一场深刻变革，是以习近平同志为总书记的新一代领导集体治国理政新思想在发展理念上的集中体现和概括，是对中国特色社会主义建设实践的深刻总结，是对中国特色社会主义发展理论内涵的丰富和提升，也是指导“十三五”规划编制和“十三五”发展的思想灵魂。

创新是引领发展的第一动力。必须把创新摆在国家发展全局的核心位置，不断推进理论创新、制度创新、科技创新、文化创新等各方面创新，让创新贯穿党和国家一切工作，让创新在全社会蔚然成风。

协调是持续健康发展的内在要求。必须牢牢把握中国特色社会主义事业总体布局，正确处理发展中的重大关系，重点促进城乡区域协调发展，促进经济社会协调发展，促进新型工业化、信息化、城镇化、农业现代化同步发展，在增强国家硬实力的同时注重提升国家软实力，不断增强发展整体性。

绿色是永续发展的必要条件和人民对美好生活追求的重要体现。必须坚持节约资源和保护环境的基本国策，坚持可持续发展，坚定走生产发展、生活富裕、生态良好的文明发展道路，加快建设资源节约型、环境友好型社会，形成人与自然和谐发展现代化建设新格局，推进美丽中国建设，为全球生态安全作出新贡献。

开放是国家繁荣发展的必由之路。必须顺应我国经济深度融入世界经济的趋势，奉行互利共赢的开放战略，坚持内外需协调、进出口平衡、引进来和走出去并重、引资和引技引智并举，发展更高层次的开放型经济，积极参与全球经济治理和公共产品供给，提高我国在全球经济治理中的制度性话语权，构建广泛的利益共同体。

共享是中国特色社会主义的本质要求。必须坚持发展为了人民、发展依靠人民、发展成果由人民共享，作出更有效的制度安排，使全体人民在共建共享发展中有更多获得感，增强发展动力，增进人民团结，朝着共同富裕方向稳步前进。

坚持创新发展、协调发展、绿色发展、开放发展、共享发展，是关系我国发展全局的一场深刻变革。全党同志要充分认识这场变革的重大现实意义和深远历史意义，统一思想，协调行动，深化改革，开拓前进，推动我国发展迈上新台阶。

24.“十三五”时期，全面建成小康社会为什么要必须“保持经济中高速增长”？

“十三五”时期是全面建成小康社会决胜阶段，“十三五”规划必须紧紧围绕实现这个奋斗目标来制定。党的十八届五中全会提出了全面建成小康社会新的目标要求，其中强调“经济保持中高速增长”。十八届五中全会《建议》指出，经济保持中高速增长，在提高发展平衡性、包容性、可持续性的基础上，到2020年国内生产总值和城乡居民人均收入比2010年翻一番，产业迈向中高端水平，消费对经济增长贡献明显加大，户籍人口城镇化率加快提高。

“十三五”时期，我国发展的环境、条件、任务、要求等都发生了新的变化；必须坚持以经济建设为中心，从实际出发，创新和完善宏观调控方式，保持经济中高速增长，迈向中高端水平，推动实现更高质量、更有效率、更加公平、更可持续的发展。也就是说，要实现2020年全面建成小康社会，就必须保持经济中高速增长。

经济保持中高速增长是必要的。近年来，我国人均国内生产总值虽有显著增长，但与一些发达国家相比仍有较大差距。到2020年要实现国内生产总值和城乡居民人均收入比2010年翻一番，发展仍然是硬道理。在区域发展方面，地区之间和城乡之间的发展还不平衡，这种不平衡也只能通过发展来解决。为此，必须保持经济中高速增长，才能保证财政税收、企业利润、居民收入有合理的增速。

25.当前我国经济发展面临哪些困难？

“十三五”时期，应如何保持经济中高速增长？经济保持中高速增长面临哪些挑战？当前，我国正处在经济转型升级的一个调整期，也面临诸多矛盾叠加、风险隐患增多的严峻挑战。例如，世界大宗商品价格在走低，一定程度上反映了世界经济的不景气。国内方面，长期积累下来的产能过剩问题有待消解。微观层面，企业经营困难，企业投资意愿偏弱，融资难、融资贵问题仍然存在。

但是尽管如此，“十三五”时期我国经济保持中高速增长是能够做到的。首先，我国经济发展仍有巨大潜力、余地和韧性，我国在较长时期实现经济中高速增长，有多方面的有利因素。我国居民储蓄率显著高于世界上大多数国家水平，人力资本和科技创新对经济增长的贡献逐步提高，具有资金、劳动、科技等生产要素组合的综合优势。我国产业升级的空间大，即使一些行业产能出现过剩，仍可投资于高端制造业。其次，拓展地区发展将成为经济保持中高速增长的新引擎。一方面，我国地域广阔，广大中西部地区经济发展还有很大空间。另一方面，我国城乡差距较大，目前统计的城镇化率只有55%，而且还有相当一部分人并不是完全固定生活在城市，当中仍有很大内需发展空间。新型城镇化不仅可以破解城乡二元结构、促进农业现代化、提高农民生产和收入水平，而且有助于扩大消费、拉动投资、催生新兴产业，释放更大的内需潜力。

随着改革开放、转型升级等新动力的不断增强，我国经济也将因此而拓展出新空间，为实现“十三五”期间我国经济保持中高速增长奠定坚实的基础。正如习近平总书记所指出的，挖掘增长潜力，培育发展动力，厚植发展优势，拓展发展空间，推动经济总量上台阶。

26.“十三五”时期，如何推动我国产业迈向中高端水平？

“十三五”时期，在新的规划蓝图指引下，经济发展中的产业结构将更加合理，产业升级的步伐将迈得更大，更多具有高附加值的业态将涌现，中国经济将以更加坚定的步伐向高端时代挺进。

制造业是我们的优势产业。要实施“中国制造2025”，坚持创新驱动、智能转型、强化基础、绿色发展，加快从制造大国转向制造强国。采取财政贴息、加速折旧等措施，推动传统产业技术改造。坚持有保有压，化解过剩产能，支持企业兼并重组，在市场竞争中优胜劣汰。促进工业化和信息化深度融合，开发利用网络化、数字化、智能化等技术，着力在一些关键领域抢占先机、取得突破。

新兴产业和新兴业态是竞争高地。要实施高端装备、信息网络、集成电路、新能源、新材料、生物医药、航空发动机、燃气轮机等重大项目，把一批新兴产业培育成主导产业。制定"互联网+"行动计划，推动移动互联网、云计算、大数据、物联网等与现代制造业结合，促进电子商务、工业互联网和互联网金融健康发展，引导互联网企业拓展国际市场。

服务业就业容量大，发展前景广。要深化服务业改革开放，落实财税、土地、价格等支持政策以及带薪休假等制度，大力发展旅游、健康、养老、创意设计等生活和生产服务业。深化流通体制改革，加强大型农产品批发、仓储和冷链等现代物流设施建设，努力大幅降低流通成本。

27."十三五"时期，如何提高消费对经济增长的贡献率？

"十三五"时期我国正处在形成消费主导的经济增长新格局的历史关节点。首先，"十三五"消费升级扩大的趋势明显。主要表现在：一是目前中国最终消费率为50%左右，比发达国家平均水平低30个百分点左右。在这种情况下，担心中国会不会陷入美国的过度消费模式是缺乏根据的。二是消费理念、消费结构、消费模式趋势性变化，即多样化、个性化特点十分突出。例如，现在老年人的当期消费至少有1万亿元人民币的消费需求潜力。但是，由于产品供给短缺、服务水平上不来，年实际消费大概在2000亿元人民币左右。三是人口结构变化、城乡一体化进程拉动消费。四是消费个性化、多样化推动服务型经济加快发展。其次，"十三五"消费总量有望实现倍增：一是预计最终消费率将从2014年的51.2%提高至60%以上，居民消费率达到50%左右。当前，中国居民消费占GDP的比重一直处于下降通道之中，由1978年的48.8%

降至2013年的36.2%,而政府消费则相对稳定。二是预计消费总规模有可能从2014年的30.7万亿元扩大到2020年的50万亿元左右。第三,消费对经济增长贡献率明显提升。到2020年,消费对增长的贡献率将高于60%。13亿人的巨大的消费市场,不仅是支撑中国经济增长的重要因素,而且将成为世界经济再平衡的重要推动力。

“十三五”要加快推进服务业主导的经济转型,有两个问题值得关注:第一,服务业主导的经济转型是否有利于现代工业的发展?工业与服务业的深度融合是一个大趋势,制造业信息化、服务化、全球化也是一个大趋势。没有现代服务经济的发展就没有现代工业。发展服务业不是不要工业,而恰恰是在新一轮工业革命和产业变革下通过发展以研发为重点的现代生产性服务业带动新兴工业的发展。第二,拉动消费是否有利于扩大投资?从短期看,投资是有可能促进经济增长的,但从中长期看,投资必须有效地转化为消费,才能形成真正的增长动力。就是说,扩大消费,有利于推动投资转型,有利于拉动有效投资。

以转型改革破题服务业主导的转型升级。“十三五”中国正处在工业化的中后期,推进工业主导向服务业主导的产业变革,不仅是经济转型升级的内在需求,而且是释放巨大消费潜力的关键所在。首先,服务业市场全面开放是重点。服务业市场开放既是经济结构调整的关键,又是市场化改革的战略重点。改革开放30多年来,工业部门绝大多数领域的市场已经高度开放,但服务业领域市场开放严重不足,服务业难以利用国内社会资本和外资做大“蛋糕”。其次,以结构性改革破解服务业发展的结构性矛盾。这需要加快打破结构性矛盾带来的掣肘,加快推进财政、税收、金融、教育等结构性改革。第三,以政府购买公共服务为重点加快公共服务业市场开放。随着全社会公共产品需求全面快速增长,以政府机构和事业机构为主的传统公共服务体制难以为继。以政府购买服务为重点加快公共服务业市场开放,充分利用市场力量、社会力量扩大公共服务供给,争取使政府采购规模占财政支出比重从2013年的11.7%提高到2020年的15%～20%,服务类占政府采购总额比重从2013年的9.4%提高到30%左右。

中国正处于转型变革的关键时期，观察中国、分析中国，不能看短期，而要“明大势、看大局”。“十三五”时期中国基本实现由工业主导向服务业主导的经济转型，将释放巨大的消费潜力与巨大的增长潜力。这是大势，是大局。

28.“十三五”时期，我国应如何实现贫困人口全脱贫、贫困县全摘帽？

十八届五中全会通过的《建议》提出了全面建成小康社会新的目标要求，其中在扶贫领域的目标为：我国现行标准下农村贫困人口实现脱贫，贫困县全部摘帽，解决区域性整体贫困。这表明到2020年，我国将实现贫困人口在现行标准下全脱贫、贫困县全摘帽。

近年来，党和政府把扶贫工作摆到更加突出的位置，大力度、宽领域、多层次向前推进。从2011年到2015年，仅中央财政专项扶贫资金从272亿元增长到467.45亿元，几乎翻了一番。扶贫开发取得新的明显成效，农村贫困人口继续减少。据国务院扶贫办介绍，从2011年到2014年，我国农村贫困人口从1.22亿人减少到7017万人，累计减贫5221万人，2015年有望再完成减贫1000万人的目标。

面对今后五年的扶贫攻坚任务，十八届五中全会明确提出，“提高公共服务共建能力和共享水平，加大对革命老区、民族地区、边疆地区、贫困地区的转移支付”“实施脱贫攻坚工程，实施精准扶贫、精准脱贫，分类扶持贫困家庭，探索对贫困人口实行资产收益扶持制度”等针对性举措。可以预见，围绕2020年全面建成小康社会总目标，我国将全力补好补齐贫困地区发展滞后和贫困人口生产生活条件落后这块短板，为现行标准下农村贫困人口实现脱贫创造有利条件。

确定扶贫开发重点扶持县是我国扶贫开发区域瞄准的重要手段之一。1986年，我国第一次确定了331个国家重点扶持贫困县（后改称国家扶贫开发工作重点县），此后分别在1994年、2001年、2011年进行过三次调整，目前全国共有 592 个国家级贫困县，全部分布在中西部地区。确定贫困县有助于引导政策、资金等资源向贫困县集中，打好扶贫“阵地战”，发挥扶贫举措的综合效应。但近年来，部分贫困县经济取得长足发展后仍带着“贫困帽”，甚至出现“哭穷争戴贫困帽”“穷县富衙”“戴帽炫富”等现象，引起社会广泛关注。一些富裕起来了的县还留在贫困县名单里，继续享受支持。

因此，到 2020 年所有贫困县全部摘帽，除了是对扶贫开发成效的考验，也向贫困县党政领导干部发出一个明确信号：即不要贪恋附着在贫困帽上的各种政策红利，而要把精力真正放到带领贫困群众脱贫致富上，扶真贫、真扶贫。目前我国正在改革贫困县考核机制，建立贫困县约束机制，研究贫困县退出机制，引导贫困县党政领导树立以民生建设为重点的政绩观，把主要精力放到扶贫开发上来。

29.“十三五”时期，如何使国家治理体系和治理能力现代化取得重大进展？

习近平总书记指出：“国家治理体系和治理能力是一个国家制度和制度执行能力的集中体现。国家治理体系是在党领导下管理国家的制度体系，包括经济、政治、文化、社会、生态文明和党的建设等各领域体制机制、法律法规安排，也就是一整套紧密相连、相互协调的国家制度；国家治理能力则是运用国家制度管理社会各方面事务的能力，包括改革发展稳定、内政外交国防、治党治国治军等各个方面。”这一重要论述，科学阐释了我国国家治理体系和治理能力的概念，揭示了其内涵和外延。我们要把思想认识统一到习近平总书记的论述上来，正确理解、科学推进国家治理体系和治理能力现代化。

“十三五”时期是全面建成小康社会的关键期，是全面落实国家治理体系与治理能力现代化的推进期，是经济增长模式转换的攻坚期，是落实全面科学发展的战略机遇期。有了好的国家治理体系才能提高治理能力，提高国家治理能力才能充分发挥国家治理体系的效能。

(1)必须在中国特色社会主义制度框架内推进国家治理体系和治理能力现代化。改革开放以来,我国社会主义现代化建设取得历史性成就。当代中国取得巨大进步的基础是找到了一条建设中国特色社会主义的道路,形成了一套中国特色社会主义制度。我们的国家治理体系和治理能力总体上是好的,是适应我国国情和发展要求的。党的领导、人民当家作主和依法治国有机统一是我国政治制度的根本特征,是我国最重要的政情,我国治理体系和治理能力现代化是在这一制度框架内进行的。习近平总书记强调:“国家治理体系是在党领导下管理国家的制度体系”。可见,坚持和完善中国特色社会主义制度是国家治理体系和治理能力现代化的前提,中国特色社会主义制度规定了国家治理体系和治理能力现代化的性质和发展方向。

(2)善于借鉴古今中外治国理政的经验教训推进国家治理体系和治理能力现代化。在肯定我们的国家治理体系和治理能力总体上是好的同时,也应看到其不足之处,善于借鉴古今中外治国理政的经验教训加以改进。历史上诸多文明都积累了丰富的国家治理经验,形成了大量国家治理理论。我国历史悠久,古代政治文明中蕴含着大量治国理政的经验和理论。西方资本主义文明在其发展过程中也积累了大量治理现代资本主义国家和社会的经验、做法和系统理论。这些都是我们在推进国家治理体系和治理能力现代化进程中可以对比、分析和吸收借鉴的。

(3)解放思想、大胆探索,在实践中探索推进国家治理体系和治理能力现代化的途径和方法。实践出真知。一切行之有效的制度和做法都来自实践探索。我国改革开放取得巨大历史性成就的一条重要经验就是解放思想、大胆探索,被实践证明是正确的就采纳,是错误的就马上纠正,“摸着石头过河”,在实践中探索前进。推进国家治理体系和治理能力现代化也应坚持改革开放的成功经验,始终坚持从我国实际出发,通过解决一个个具体的治理问题,逐步积累经验,不断摸索规律,最终在整体上实现国家治理体系和治理能力现代化。

30. 实现“十三五”时期发展目标，为什么必须贯彻“创新、协调、绿色、开放、共享”的五大发展理念？

关于如何完善发展理念，十八届五中全会《建议》指出，实现“十三五”时期发展目标，破解发展难题，厚植发展优势，必须牢固树立并切实贯彻创新、协调、绿色、开放、共享的发展理念。这是关系我国发展全局的一场深刻变革。全党同志要充分认识这场变革的重大现实意义和深远历史意义。

从当前和今后一个时期的国际国内形势的大环境看，世界政治经济格局还在发生深刻调整，国际金融危机爆发以来的世界经济还尚未恢复元气，中国经济作为世界经济增长的新引擎新动力的地位不断夯实。未来5年，我国仍处于可以大有作为的重要战略机遇期。从现实来看，中国依然是世界上第一大发展中国家。我国经济社会发展还存在诸多不平衡、不协调、不可持续的现实问题。目前，中国正处于跨越“中等收入陷阱”的艰难爬坡期。进入新常态的中国经济还面临结构转型时期的诸多矛盾叠加、风险隐患增多的严峻挑战，只有咬定青山不放松、“坚持发展”不动摇，不断开拓发展新境界，才能够更好地把握战略机遇期，更加有效地应对各种风险和挑战。从实现全面建成小康社会的冲刺目标来看，到2020年我国国内生产总值和城乡居民人均收入比2010年翻一番，保持经济中高速增长，产业迈向中高端水平，人民生活水平和质量普遍提高，完成我国现行标准下近7000万农村贫困人口的全部脱贫，实现“一个都不能少”的真正意义上的全面小康，也只能继续靠“坚持发展”。

但怎么实现发展？实现什么样的发展？经过多年来的改革开放艰苦探索和实践，我们已经有了深刻认识。这次党的五中全会在总结历史经验和充分把握发展规律的基础上，全面概括了针对现实、面向未来的“发展新理念”。全会强调指出，“实现‘十三五’时期发展目标，必须牢固树立并切实贯彻创新、协调、绿色、开放、共享的发展理念”。这五个发展理念，是迄今为止在党的报告中对“发展”内涵做出的最全面、最深刻的一次概括，全面阐述了科学发展的深刻内涵，为推进“四个全面”战略布局提供了有力的理论和实践支撑。

同时，“十三五”时期中国经济发展进入新常态。认识新常态、适应新常态、引领新常态，保持经济社会持续健康发展，必须有新思路、新举措。创新、协调、绿色、开放、共享这五大发展理念，符合“十三五”时期我国发展所处的历史方位和特定阶段，揭示了我国经济发展的新特征、新趋势，有利于我国在未来国际竞争中赢得主动，集中体现了我国在“十三五”乃至更长时期的发展思路、发展方向和发展着力点，充分反映了我们党对经济社会发展规律认识的不断深化。

这五大发展理念，也是针对当前和“十三五”时期我国发展面临的突出问题和挑战提出来的。创新，针对的是发展动力问题，只有坚持创新发展，把发展基点放在创新上，把创新摆在国家发展全局的核心位置，不断推进理论创新、制度创新、科技创新、文化创新等各方面创新，形成促进创新的体制架构，才能让更多的新产品、新模式、新业态快速成长，让经济发展的新动力更加充沛；协调，针对的是发展不全面不平衡问题，只有促进城乡区域、经济社会协调发展，促进“四化”同步发展，在增强国家硬实力的同时注重提升国家软实力，才能解决我国长期存在的发展不全面不平衡问题，增强发展整体性，让全面建成小康路上没人“掉队”；绿色，针对的是人与自然和谐问题，只有坚持节约资源和保护环境的基本国策，走生产发展、生活富裕、生态良好的文明发展道路，推进美丽中国建设，才能使发展可持续，让天更蓝、水更清、空气更清洁，形成人与自然和谐发展现代化建设新格局；开放，针对的是使我国经济深度融入世界经济的问题，只有提高对外开放水平，奉行互利共赢的开放战略，发展更高层次的开放型经济，才能以开放促创新促改革，进而加快形成深度融合的互利合作格局，构建广泛的利益共同体和命运共同体；共享，针对的是发展的目的问题，只有作出更有效的制度安排，使全体人民在共建共享发展中有更多获得感，才能汇聚发展动力，增进人民团结，朝着共同富裕方向稳步前进。

这样的发展是遵循经济规律的科学发展，注重了发展的系统性、整体性和协同性，体现了增长与保护、局部与整体、当前和长远之间的最佳平衡，实现了“生产发展、生活富裕、生态良好”的有机统一。这样的发展也是遵循社会规律的包容性发展，是“坚定不移走共同富裕的道路”、以“人民对美好生活的向往”为奋斗目标，让更多人共享发展成果，充分体现了社会主义的本质特征。

以五大理念为“十三五”乃至更长时期的发展谋篇布局，是十八届五中全会精神的一大亮点。发展理念对路了，目标任务也就好定了，政策举措也就能够有的放矢了。各地区各部门要深化理解、统一认识，将创新、协调、绿色、开放、共享这五大理念内化于心、外化于行，以更加坚定的决心、更加有力的举措、更加完善的制度来贯彻落实，真正把新的理念转化为引领“十三五”时期新发展的强大力量。

31.“十三五”时期应如何贯彻五大发展理念？

创新、协调、绿色、开放、共享的发展理念，是关系我国发展全局的一场深刻变革，具有重大现实意义和深远历史意义。“五大理念”是一个有机整体，相互结合，共同发挥作用。创新是发展的基点，协调是发展的节奏，绿色是发展的底色，开放是发展的格局，共享是发展的目标。

(1)坚持创新发展理念，开创发展新局面。创新是发展的动力。必须把创新摆在国家发展全局的核心位置，不断推进理论创新、制度创新、科技创新、文化创新等，让创新贯穿各方面，让创新在全社会蔚然成风。人人都是创业、创新主体，天天都有创业、创新机会，各行各业都需要创新。创新是发展的基点，要形成促进创新的体制架构，塑造更多依靠创新驱动、更多发挥先发优势的引领型发展。激发创新创业活力，推动大众创业、万众创新，释放新需求，创造新供给，推动新技术、新产业、新业态蓬勃发展。实施网络强国战略，实施“互联网＋”行动计划，发展分享经济，实施国家大数据战略。深入实施创新驱动发展战略，发挥科技创新在全面创新中的引领作用。构建有利于创新发展的新体制,加快形成有利于创新发展的市场环境、产权制度、投融资体制、分配制度、人才培养引进使用机制。创新要有正确的方向和方法,必须符合事物发展的规律。创新,既是整个时代社会实践的高度概括,也是人们精神状态的深刻反映,是时代精神和灵魂的体现。学习是培养创新精神、开发创新能力的重要手段。需要学习创新理论,准确理解创新概念,了解国家创新体系的内容、结构和功能,训练创新思维,确立创新精神,掌握创新方法,用恰当的理论指导创新实践,培养创新能力,才能推进创新发展。

(2)坚持协调发展理念,实现全方位协调。协调是持续健康发展的内在要求。必须牢牢把握中国特色社会主义事业总体布局,使各领域、各部门、各地区相互配合,协调发展。正确认识改革、发展、规划的关系。改革要与发展相匹配,加强总体设计、总体布局,正确处理发展中的重大关系,注意各项改革的关联性、系统性、耦合性,重点促进城乡区域协调发展,促进经济社会协调发展,促进新型工业化、信息化、城镇化、农业现代化同步发展,增强国家硬实力与提升国家软实力相结合,不断增强发展整体性。必须在协调发展中拓宽发展空间,在加强薄弱领域中增强发展后劲。推动区域协调发展、城乡协调发展、物质文明和精神文明协调发展、发展经济和保护环境协调发展、经济建设和国防建设融合发展,坚持发展和安全兼顾,实现全方位的协调发展。

(3)坚持绿色发展理念,保障可持续发展。绿色是永续发展的必要条件和人民对美好生活追求的重要体现。必须坚持节约资源和保护环境的基本国策,坚持可持续发展,坚定走生产发展、生活富裕、生态良好的文明发展道路,加快建设资源节约型、环境友好型社会,形成人与自然和谐发展现代化建设新格局,推进美丽中国建设,为全球生态安全作出新贡献。

(4)坚持开放发展理念,融入全球化进程。开放是国家繁荣发展的必由之路。在全球化时代,必须加强开放的力度、推进开放的深度、扩大开放的广度。顺应我国经济深度融入世界经济的趋势，奉行互利共赢的开放战略，发展更高层次的开放型经济，坚持内外需协调、进出口平衡、引进来和走出去并重、引资和引技引智并举，发展更高层次的开放型经济，积极参与全球经济治理和公共产品供给，提高我国在全球经济治理中的制度性话语权，构建广泛的利益共同体。必须丰富对外开放内涵，提高对外开放水平，协同推进战略互信、经贸合作、人文交流，努力形成深度融合的互利合作格局。完善对外开放战略布局，形成对外开放新体制，推进“一带一路”建设，推进同有关国家和地区多领域互利共赢的务实合作，加强公共外交，打造陆海内外联动、东西双向开放的全面开放新格局。深化内地和港澳、大陆和台湾地区合作发展，积极参与全球经济治理，促进国际经济秩序朝着平等公正、合作共赢的方向发展。开放、交流、合作紧密相联，将为我们拓展更广阔的空间。

(5)坚持共享发展理念，促进整全性发展。共享是中国特色社会主义的本质要求。共享发展就是按照人人参与、人人尽力、人人享有的要求，促进整体、全面发展。坚持中国特色社会主义道路，必须坚持发展为了人民、发展依靠人民、发展成果由人民共享，作出更有效的制度安排，使全体人民在共建共享发展中有更多获得感，增强发展动力，增进人民团结，朝着共同富裕方向稳步前进。注重机会公平，保障基本民生，实现全体人民共同迈入全面小康社会。增加公共服务供给，从解决人民最关心最直接最现实的利益问题入手，提高公共服务共建能力和共享水平。提高教育质量，促进就业创业，缩小收入差距，建立更加公平更可持续的社会保障制度，推进健康中国建设，促进人口均衡发展。坚持以人民为主体，加强经济社会发展重大问题和涉及群众切身利益问题的协商，依法保障人民各项权益，激发各族人民建设祖国的主人翁意识，最终实现国家、社会与人的全面发展。

坚持创新发展、协调发展、绿色发展、开放发展、共享发展，是关系我国发展全局的一场深刻变革。牢固树立并切实贯彻“五大发展”理念，是关系我国发展全局的一场深刻变革，全党同志要充分认识这场变革的重大现实意义和深远历史意义，统一思想，协调行动，深化改革，开拓前进，推动我国发展迈上新台阶。

“五大发展”理念是当代中国共产党人面向现代化、面向世界、面向未来的“发展新思维”。有了这样的“发展新思维”，不仅能够指引我们破解发展难题，增强发展动力，厚植发展优势，更好地适应和引领中国经济新常态，也必将为我国如期完成“十三五”规划任务、全面建成小康社会，为我们顺利开启第二个百年奋斗目标的伟大征程、实现中华民族伟大复兴的中国梦奠定更加坚实的基础。

第三章　坚持创新发展，着力提高发展质量和效益

创新是推动一个国家和民族向前发展的重要力量，也是推动整个人类社会向前发展的重要力量。党的十八届五中全会《建议》提出，在国际发展竞争日趋激烈和我国发展动力转换的形势下，必须把发展基点放在创新上，形成促进创新的体制架构，塑造更多依靠创新驱动、更多发挥先发优势的引领型发展。必须把创新摆在国家发展全局的核心位置，不断推进理论创新、制度创新、科技创新、文化创新等各方面创新，让创新贯穿党和国家一切工作，让创新在全社会蔚然成风。把创新摆在国家发展全局的核心位置，意味着“中国号”巨轮的破浪远航的引擎从“要素驱动”转向“创新驱动”。只有通过创新驱动，才能转变经济发展方式的要求。只有通过创新驱动，中国经济才能实现由大到强。

32. 为什么在“十三五”时期必须把创新摆在国家发展全局的核心位置?

创新始终是推动一个国家、一个民族向前发展的重要力量。抓创新就是抓发展，谋创新就是谋未来。“必须把创新摆在国家发展全局的核心位置”，党的十八届五中全会提出“五大发展理念”，排在首位的就是“创新发展”。如果说传统的发展是做加法，那么创新发展就是做乘法。创新发展，注重的是解决发展动力问题。

“十二五”期间尤其是党的十八大以来，改革创新精神贯穿在治国理政各个环节。无论是经济转型升级，还是加快实施创新驱动发展战略；无论是户籍、司法、教育等方面改革措施密集出台，还是“互联网+”“中国制造 2025”双翼齐飞……一系列新理念新思路新探索，为中国发

展不断开拓新境界。展望未来，中国发展的时与势、艰与险，将我们推到了创新发展的风口。新一轮科技革命和产业变革蓄势待发，发达国家推进高起点“再工业化”，我们的发展条件、比较优势都发生了深刻变化，必须加快从要素驱动转向创新驱动。当前，我国科技发展水平总体不高，科技对经济社会发展的支撑能力不足，科技对经济增长的贡献率远低于发达国家水平，这是我国这个经济大个头的突出软肋。如果不能走好创新发展之路，发展动力就不可能实现转换，我们在全球经济竞争中就会处于下风。为此，我们必须按照十八届五中全会的要求，把创新作为引领发展的第一动力，把人才作为支撑发展的第一资源，加快形成以创新为主要引领和支撑的经济体系和发展模式。

坚持创新发展，必须把发展基点放在创新上，形成促进创新的体制架构，塑造更多依靠创新驱动、更多发挥先发优势的引领型发展。党的十八届五中全会《建议》提出的七个创新发展着力点：培育发展新动力、拓展发展新空间、深入实施创新驱动发展战略、大力推进农业现代化、构建产业新体系、构建发展新体制、创新和完善宏观调控方式，给出了未来5年实施创新发展的路线图。以十八届五中全会绘就的蓝图为引领，创新发展才能取得新突破、达到新水平。

创新不是喊出来的，而是干出来的。“十三五”时期推动创新发展，就要让创新贯穿党和国家一切工作，让创新在全社会蔚然成风。从推动大众创业、万众创新，到实施网络强国战略；从提出并组织国际大科学计划和大科学工程，到加快转变农业发展方式；从加快建设制造强国，到深化行政管理体制改革，十八届五中全会提出的创新发展举措，涉及经济社会发展的方方面面。贯彻落实好全会精神，我们才能不断推进理论创新、制度创新、科技创新、文化创新等各方面创新，让发展的质量更好、效益更高、结构更优。以创新把握机遇、以创新驱动发展，我们就一定能让创新创造的活力不断迸发、源泉不断涌流，激发出全面建成小康社会的强大动力。

33."十三五"时期，我国如何在创新领域培育发展新动力？

习近平总书记指出："创新是引领发展的第一动力。""十二五"以来，特别是党的十八大以来，随着改革的深化、创新驱动发展战略的实施，我国创新步伐持续加快。从高技术产业增长强劲，到"双创"蓬勃兴起，从高铁、核电等中国装备走向世界，到科技进步贡献率提升到54%，无不说明创新越来越成为经济社会发展的主旋律，创新驱动是大势所趋。抓创新就是抓发展，谋创新就是谋未来。步入新征程，创新发展的重要性更加凸显。放眼世界，新一轮科技革命和产业变革蓄势待发，创新在综合国力竞争中的地位日益重要。审视中国，创新对经济社会发展的支撑和引领作用日益增强，但也必须清醒看到，创新能力不足、创新水平不高，是造成我国经济大而不强、快而不优的重要因素。不日新者必日退，我们要在激烈国际竞争中赢得战略主动，要在新形势下开拓发展新境界，就必须把发展基点放在创新上，形成促进创新的体制架构，实现更多依靠创新驱动、更多发挥先发优势的引领型发展。

"十三五"时期，我国该如何在创新领域培育发展新动力？党的十八届五中全会《建议》从四个方面给出了明确答案。

(1)优化劳动力、资本、土地、技术、管理等要素配置，激发创新创业活力，推动大众创业、万众创新，释放新需求，创造新供给，推动新技术、新产业、新业态蓬勃发展，加快实现发展动力转换。

(2)发挥消费对增长的基础作用，着力扩大居民消费，引导消费朝着智能、绿色、健康、安全方向转变，以扩大服务消费为重点带动消费结构升级。促进流通信息化、标准化、集约化。

(3)发挥投资对增长的关键作用，深化投融资体制改革，优化投资结构，增加有效投资。发挥财政资金撬动功能，创新融资方式，带动更多社会资本参与投资。创新公共基础设施投融资体制，推广政府和社会资本合作模式。

(4)发挥出口对增长的促进作用，增强对外投资和扩大出口结合度，培育以技术、标准、品牌、质量、服务为核心的对外经济新优势。实施优进优出战略，推进国际产能和装备制造合作，提高劳动密集型产品科技含量和附加值，营造资本和技术密集型产业新优势，提高我国产业在全球价值链中的地位。

34."十三五"时期，我国如何用发展新空间培育发展新动力，用发展新动力开拓发展新空间？

对于如何用发展新空间培育发展新动力，用发展新动力开拓发展新空间，党的十八届五中全会《建议》从五个方面进行了部署。

(1)拓展区域发展空间。以区域发展总体战略为基础，以"一带一路"建设、京津冀协同发展、长江经济带建设为引领，形成沿海沿江沿线经济带为主的纵向横向经济轴带。发挥城市群辐射带动作用，优化发展京津冀、长三角、珠三角三大城市群，形成东北地区、中原地区、长江中游、成渝地区、关中平原等城市群。发展一批中心城市，强化区域服务功能。支持绿色城市、智慧城市、森林城市建设和城际基础设施互联互通。推进重点地区一体发展，培育壮大若干重点经济区。推进城乡发展一体化，开辟农村广阔发展空间。

(2)拓展产业发展空间。支持节能环保、生物技术、信息技术、智能制造、高端装备、新能源等新兴产业发展，支持传统产业优化升级。推广新型孵化模式，鼓励发展众创、众包、众扶、众筹空间。发展天使、创业、产业投资，深化创业板、新三板改革。

(3)拓展基础设施建设空间。实施重大公共设施和基础设施工程。实施网络强国战略，加快构建高速、移动、安全、泛在的新一代信息基础设施。加快完善水利、铁路、公路、水运、民航、通用航空、管道、邮政等基础设施网络。完善能源安全储备制度。加强城市公共交通、防洪防涝等设施建设。实施城市地下管网改造工程。加快开放电力、电信、交通、石油、天然气、市政公用等自然垄断行业的竞争性业务。

(4)拓展网络经济空间。实施"互联网+"行动计划，发展物联网技术和应用，发展分享经济，促进互联网和经济社会融合发展。实施国家大数据战略，推进数据资源开放共享。完善电信普遍服务机制，开展网络提速降费行动，超前布局下一代互联网。推进产业组织、商业模式、供应链、物流链创新，支持基于互联网的各类创新。

(5)拓展蓝色经济空间。坚持陆海统筹，壮大海洋经济，科学开发海洋资源，保护海洋生态环境，维护我国海洋权益，建设海洋强国。

35. 创新驱动发展战略在“十三五”时期将会有哪些趋势特点？

“十三五”时期，创新驱动发展可能会有以下趋势特征：

(1)大城市及大都市圈的创新火车头作用凸显。经济活动并非均衡或随机分布在各地，经济发展初期的地区发展不均衡取决于各地区的资源禀赋差异，在现代社会中，资本与劳动等生产要素流动对经济活动的非均衡发展产生着重要的作用。其中，创新活动的空间集聚比一般生产活动更强，这是由经济主体对地理集聚的差异化追求所决定的。在一般生产活动中，要素流动对运输成本反应敏感，当运输成本较高时，要素流动不容易发生；随着运输成本降低，要素流动导致集聚。如果运输成本再降低，那么，这种集聚会转向分散。但在创新活动中，地理集聚的动力就有所不同了，知识外溢与分散孤岛式创新风险成为吸引高素质人才与风险资本流动的基本动机，哪里获得的外溢知识更充裕，这些要素就会在哪里集聚。比如说，大城市的专业性部门与专业人才较多，便于创新者更容易获得专业化配套能力以及跨行业、跨领域的知识，因而大城市容易发生创新活动的集聚。如美国大城市的工资水平大约比其他地区高出30%，这主要是各种专业性创新活动对技术人才的竞争性需求较大。我国第六次普查数据显示，大专以上程度人口占总人口的比重为8.93%，其中，北京、上海、广州、天津与深圳等城市的这个指标分别为31.50%、21.95%、19.22%、17.48%和17.17%。当然，追求知识外溢往往在运输成本大幅度降低的情况下才会发生，否则，获得知识外溢的收益不足以补偿运输成本较高所付出的成本。所以，当运输成本再降低会导致一般生产活动出现分散，却会使创新活动走向集聚。引导创新活动的地理集聚并不是指各地区在创新驱动发展中都去拼命建科技园区，竞相引进项目与人才，而是在尊重人才流动的基础上，营造好要素流入的工作，诸如手续办理、工作平台与生活环境等。可以预测，在“十三五”时期，大城市与特大城市引导创新活动的地理聚集趋势会加强，创新经济发动机作用会更加突显。

(2)创新主体呈现组织与个人竞相促进的局面。以往粗放经济发展阶段，拼资源是企业生存与发展的基本方式，相对于这种成本低廉的生产活动来说，创新是凭借个人兴趣与能力的成本较高的活动，因而不少是偶然的、随机的。这种情况下，本土创新对增长的贡献率并不高。随着科技进步的加快以及资源禀赋与要素成本的变化，经济增长对科技创新的依赖性日益增大，研发积累与持续投入变得日益重要，仅靠个人兴趣与能力已不能完全适应创新需求，以组织为单位的研发活动将成为“十三五”时期的重要方式。而以组织为单位的研发活动是有规划的，创新投资是有保障且不断增长的，组织之间的研发合作会快速增加。当然，以组织为单位的创新活动兴起并不意味着对个人创新活动的替代，相反，在“大众创新，万众创业”导向下，以创客为代表的受过良好专业教育的创新一代会以互联网思维进行大量的个性化创新，国内将会出现个人创新创业的新高潮。可以说，未来中国创新驱动发展中，组织化与个体性的创新主体都将蓬勃兴起，并且相互促进，在创新链上发挥出各自的功能，共同成为驱动增长的引擎。

(3)政府和企业共同分担创新成本和风险的制度安排日益重要。由于创新活动的不确定性，单靠市场激励是有限的，如果没有政府扶持性介入，创新活动将会受到限制，这已成为现代大多数中等收入水平以上的国家扶持创新活动的基本共识。未来政府鼓励企业间技术合作与扶持创新战略联盟的形式将日益多样化，这一方面是因为科技进步加快，使产品生命周期越来越短，在很多情况下，研发投入来不及在短短的产品生命周期之内收回来。另一方面技术密集型产业部门面临的设备以及研发成本也越来越高。开发一个新的电脑系统、汽车或者微处理器芯片动辄需要数十乃至上百亿元，同一产品的更新换代所需要的资本投入也越来越高，除了少数大型跨国企业之外，没有企业能够独自为那些大型研发项目支付全部的费用，加上这些研发活动的失败率与风险很高。因此，政府与企业共同分担大型研发项目的费用或者协同研究就成了创新活动的上策之选，企业不仅降低了研发费用投入，而且还提高了可运用的创新资源总量。世界银行学者对发达经济体和东亚国家研发模式的研究发现，在转向高收入的发展阶段，超过60%的研发活动由企业完成，20%由政府完成，另外20%在高校等研究机构中完成。1992年至2012年的20年间，新兴工业化经济体研发支出占GDP的份额已从不到1%提高到了2.2%左右。发达国家也从2.3%提高至2.7%左右。近年来，我国企业研发投资比重明显上升，这是政府扶持创新与企业投资创新互动的结果。

36. 我国在“十三五”时期该怎样深入实施创新驱动发展战略？

习近平总书记强调：“实施创新驱动发展战略，是立足全局、面向未来的重大战略，是加快转变经济发展方式、破解经济发展深层次矛盾和问题、增强经济发展内生动力和活力的根本措施。”为加快实施创新驱动发展战略，党的十八届五中全会《建议》从以下五个方面进行了部署。

(1)发挥科技创新在全面创新中的引领作用，加强基础研究，强化原始创新、集成创新和引进消化吸收再创新。推进有特色高水平大学和科研院所建设，鼓励企业开展基础性前沿性创新研究，重视颠覆性技术创新。实施一批国家重大科技项目，在重大创新领域组建一批国家实验室。积极提出并牵头组织国际大科学计划和大科学工程。

(2)推动政府职能从研发管理向创新服务转变。完善国家科技决策咨询制度。坚持战略和前沿导向，集中支持事关发展全局的基础研究和共性关键技术研究，加快突破新一代信息通信、新能源、新材料、航空航天、生物医药、智能制造等领域核心技术。瞄准瓶颈制约问题，制定系统性技术解决方案。

(3)强化企业创新主体地位和主导作用,形成一批有国际竞争力的创新型领军企业,支持科技型中小企业健康发展。依托企业、高校、科研院所建设一批国家技术创新中心,形成若干具有强大带动力的创新型城市和区域创新中心。完善企业研发费用加计扣除政策,扩大固定资产加速折旧实施范围,推动设备更新和新技术应用。

(4)深化科技体制改革,引导构建产业技术创新联盟,推动跨领域跨行业协同创新,促进科技与经济深度融合。加强技术和知识产权交易平台建设,建立从实验研究、中试到生产的全过程科技创新融资模式,促进科技成果资本化、产业化。构建普惠性创新支持政策体系,加大金融支持和税收优惠力度。深化知识产权领域改革,加强知识产权保护。

(5)扩大高校和科研院所自主权,赋予创新领军人才更大人财物支配权、技术路线决策权。实行以增加知识价值为导向的分配政策,提高科研人员成果转化收益分享比例,鼓励人才弘扬奉献精神。

37."十三五"时期我国大力推进农业现代化的方式方法有哪些?

农业是安天下、稳民心的战略产业,没有农业现代化就没有国家现代化。同时,农业也是全面建成小康社会、实现现代化的基础。习近平总书记指出:"同步推进新型工业化、信息化、城镇化、农业现代化,薄弱环节是农业现代化。要着眼于加快农业现代化步伐,在稳定粮食和重要农产品产量、保障国家粮食安全和重要农产品有效供给的同时,加快转变农业发展方式,加快农业技术创新步伐,走出一条集约、高效、安全、持续的现代农业发展道路。"党的十八届五中全会《建议》从四方面阐述了"十三五"时期我国大力推进农业现代化的方式方法。

(1)加快转变农业发展方式,发展多种形式适度规模经营,发挥其在现代农业建设中的引领作用。着力构建现代农业产业体系、生产体系、经营体系,提高农业质量效益和竞争力,推动粮经饲统筹、农林牧渔结合、种养加一体、一二三产业融合发展,走产出高效、产品安全、资源节约、环境友好的农业现代化道路。

（2）稳定农村土地承包关系，完善土地所有权、承包权、经营权分置办法，依法推进土地经营权有序流转，构建培育新型农业经营主体的政策体系。培养新型职业农民。深化农村土地制度改革。完善农村集体产权权能。深化农村金融改革，完善农业保险制度。

（3）坚持最严格的耕地保护制度，坚守耕地红线，实施藏粮于地、藏粮于技战略，提高粮食产能，确保谷物基本自给、口粮绝对安全。全面划定永久基本农田，大规模推进农田水利、土地整治、中低产田改造和高标准农田建设，加强粮食等大宗农产品主产区建设，探索建立粮食生产功能区和重要农产品生产保护区。优化农业生产结构和区域布局，推进产业链和价值链建设，开发农业多种功能，提高农业综合效益。

（4）推进农业标准化和信息化。健全从农田到餐桌的农产品质量安全全过程监管体系、现代农业科技创新推广体系、农业社会化服务体系。发展现代种业，提高农业机械化水平。持续增加农业投入，完善农业补贴政策。改革农产品价格形成机制，完善粮食等重要农产品收储制度。加强农产品流通设施和市场建设。

38．“十三五”期间，我国该如何加快建设制造强国，实施《中国制造二〇二五》？

李克强总理在2015年《政府工作报告》中指出：“制造业是我们的优势产业。要实施‘中国制造2025’，坚持创新驱动、智能转型、强化基础、绿色发展，加快从制造大国转向制造强国。”目前，我国制造业规模居世界前列，但制造业资源消耗大、自主创新能力不强等问题依然突出。经济规模大而不强，主要依靠资源等要素投入推动经济增长和规模扩张的粗放型发展方式不可持续，转变经济发展方式刻不容缓。制造业是我国实体经济的主体和国民经济的支柱，是经济结构调整和产业转型升级的主战场，“中国制造2025”的提出，是适应世界经济发展趋势和中国制造业发展要求的战略选择。实现2025年进入制造强国行列，我们应该如何着手、着力点在哪里？党的十八届五中全会《建议》对"十三五"时期该如何加快建设制造强国，实施《中国制造二〇二五》作了明确回答。

(1)引导制造业朝着分工细化、协作紧密方向发展，促进信息技术向市场、设计、生产等环节渗透，推动生产方式向柔性、智能、精细转变。

(2)实施工业强基工程，开展质量品牌提升行动，支持企业瞄准国际同行业标杆推进技术改造，全面提高产品技术、工艺装备、能效环保等水平。更加注重运用市场机制、经济手段、法治办法化解产能过剩，加大政策引导力度，完善企业退出机制。

(3)支持战略性新兴产业发展，发挥产业政策导向和促进竞争功能，更好发挥国家产业投资引导基金作用，培育一批战略性产业。

(4)实施智能制造工程，构建新型制造体系，促进新一代信息通信技术、高档数控机床和机器人、航空航天装备、海洋工程装备及高技术船舶、先进轨道交通装备、节能与新能源汽车、电力装备、农机装备、新材料、生物医药及高性能医疗器械等产业发展壮大。

(5)开展加快发展现代服务业行动，放宽市场准入，促进服务业优质高效发展。推动生产性服务业向专业化和价值链高端延伸、生活性服务业向精细和高品质转变，推动制造业由生产型向生产服务型转变。大力发展旅游业。

39."十三五"时期，我国构建发展新体制的具体措施是什么？

党的十八届五中全会《建议》从十个方面阐述了我国在"十三五"时期构建发展新体制的具体措施：

(1)加快形成有利于创新发展的市场环境、产权制度、投融资体制、分配制度、人才培养引进使用机制。

(2)深化行政管理体制改革，进一步转变政府职能，持续推进简政放权、放管结合、优化服务，提高政府效能，激发市场活力和社会创造力。

(3)坚持公有制为主体、多种所有制经济共同发展。毫不动摇巩固和发展公有制经济，毫不动摇鼓励、支持、引导非公有制经济发展。推进产权保护法治化，依法保护各种所有制经济权益。

(4)深化国有企业改革，增强国有经济活力、控制力、影响力、抗风险能力。分类推进国有企业改革，完善现代企业制度。完善各类国有资产管理体制，以管资本为主加强国有资产监管，防止国有资产流失。健全国有资本合理流动机制，推进国有资本布局战略性调整，引导国有资本更多投向关系国家安全、国民经济命脉的重要行业和关键领域，坚定不移把国有企业做强做优做大，更好服务于国家战略目标。

(5)鼓励民营企业依法进入更多领域，引入非国有资本参与国有企业改革，更好激发非公有制经济活力和创造力。

(6)优化企业发展环境。开展降低实体经济企业成本行动，优化运营模式，增强盈利能力。限制政府对企业经营决策的干预，减少行政审批事项。清理和规范涉企行政事业性收费，减轻企业负担，完善公平竞争、促进企业健康发展的政策和制度。激发企业家精神，依法保护企业家财产权和创新收益。

(7)加快形成统一开放、竞争有序的市场体系，建立公平竞争保障机制，打破地域分割和行业垄断。深化市场配置要素改革，促进人才、资金、科研成果等在城乡、企业、高校、科研机构间有序流动。

(8)深化财税体制改革，建立健全有利于转变经济发展方式、形成全国统一市场、促进社会公平正义的现代财政制度，建立税种科学、结构优化、法律健全、规范公平、征管高效的税收制度。建立事权和支出责任相适应的制度，适度加强中央事权和支出责任。调动各方面积极性，考虑税种属性，进一步理顺中央和地方收入划分。建立全面规范、公开透明预算制度，完善政府预算体系，实施跨年度预算平衡机制和中期财政规划管理。建立规范的地方政府举债融资体制。健全优先使用创新产品、绿色产品的政府采购政策。

(9)加快金融体制改革，提高金融服务实体经济效率。健全商业性金融、开发性金融、政策性金融、合作性金融分工合理、相互补充的金融机构体系。构建多层次、广覆盖、有差异的银行机构体系，扩大民间资本进入银行业，发展普惠金融，着力加强对中小微企业、农村特别是贫困地区金融服务。积极培育公开透明、健康发展的资本市场，推进股票和债券发行交易制度改革，提高直接融资比重，降低杠杆率。开发符合创新需求的金融服务，推进高收益债券及股债相结合的融资方式。推进汇率和利率市场化，提高金融机构管理水平和服务质量，降低企业融资成本。规范发展互联网金融。加快建立巨灾保险制度，探索建立保险资产交易机制。

(10)加强金融宏观审慎管理制度建设，加强统筹协调，改革并完善适应现代金融市场发展的金融监管框架，健全符合我国国情和国际标准的监管规则，实现金融风险监管全覆盖。完善国有金融资本和外汇储备管理制度，建立安全高效的金融基础设施，有效运用和发展金融风险管理工具。防止发生系统性区域性金融风险。

40."十三五"时期，我国应该如何创新和完善宏观调控方式？

宏观调控是保持经济总量的基本平衡，促使国民经济持续迅速健康的发展，这也是国家调节市场的主要手段。党的十八届五中全会《建议》提出，要"创新和完善宏观调控方式"，这意味着中国未来的调控的目标参照体系更加多元。对此，《建议》提出了以下措施：

(1)按照总量调节和定向施策并举、短期和中长期结合、国内和国际统筹、改革和发展协调的要求，完善宏观调控，采取相机调控、精准调控措施，适时预调微调，更加注重扩大就业、稳定物价、调整结构、提高效益、防控风险、保护环境。

(2)依据国家中长期发展规划目标和总供求格局实施宏观调控，稳定政策基调，增强可预期性和透明度，创新调控思路和政策工具，在区间调控基础上加大定向调控力度，增强针对性和准确性。完善以财政政策、货币政策为主，产业政策、区域政策、投资政策、消费政策、价格政策协调配合的政策体系，增强财政货币政策协调性。运用大数据技术，提高经济运行信息及时性和准确性。

（3）减少政府对价格形成的干预，全面放开竞争性领域商品和服务价格，放开电力、石油、天然气、交通运输、电信等领域竞争性环节价格。

（4）建立风险识别和预警机制，以可控方式和节奏主动释放风险，重点提高财政、金融、能源、矿产资源、水资源、粮食、生态环保、安全生产、网络安全等方面风险防控能力。

41．“十三五”时期，如何促进创新的体制架构的形成，塑造更多依靠创新驱动、更多发挥先发优势的引领型发展？

“十三五”时期，面对全球新一轮科技革命与产业变革的重大机遇和挑战，面对经济发展新常态下的趋势变化和特点，面对实现“两个一百年”奋斗目标的历史任务和要求，必须促进创新的体制架构的形成，塑造更多依靠创新驱动、更多发挥先发优势的引领型发展。

加快实施创新驱动发展战略，就是要使市场在资源配置中起决定性作用和更好发挥政府作用，破除一切制约创新的思想障碍和制度藩篱，激发全社会创新活力和创造潜能，提升劳动、信息、知识、技术、管理、资本的效率和效益，强化科技同经济对接、创新成果同产业对接、创新项目同现实生产力对接、研发人员创新劳动同其利益收入对接，增强科技进步对经济发展的贡献度，营造大众创业、万众创新的政策环境和制度环境。

（1）坚持需求导向。紧扣经济社会发展重大需求，着力打通科技成果向现实生产力转化的通道，着力破除科学家、科技人员、企业家、创业者创新的障碍，着力解决要素驱动、投资驱动向创新驱动转变的制约，让创新真正落实到创造新的增长点上，把创新成果变成实实在在的产业活动。

（2）坚持人才为先。要把人才作为创新的第一资源，更加注重培养、用好、吸引各类人才，促进人才合理流动、优化配置，创新人才培养模式；更加注重强化激励机制，给予科技人员更多的利益回报和精神鼓励；更加注重发挥企业家和技术技能人才队伍创新作用，充分激发全社会的创新活力。

(3)坚持遵循规律。根据科学技术活动特点,把握好科学研究的探索发现规律,为科学家潜心研究、发明创造、技术突破创造良好条件和宽松环境;把握好技术创新的市场规律,让市场成为优化配置创新资源的主要手段,让企业成为技术创新的主体力量,让知识产权制度成为激励创新的基本保障;大力营造勇于探索、鼓励创新、宽容失败的文化和社会氛围。

(4)坚持全面创新。把科技创新摆在国家发展全局的核心位置,统筹推进科技体制改革和经济社会领域改革,统筹推进科技、管理、品牌、组织、商业模式创新,统筹推进军民融合创新,统筹推进引进来与走出去合作创新,实现科技创新、制度创新、开放创新的有机统一和协同发展。

到2020年,基本形成适应创新驱动发展要求的制度环境和政策法律体系,为进入创新型国家行列提供有力保障。人才、资本、技术、知识自由流动,企业、科研院所、高等学校协同创新,创新活力竞相迸发,创新成果得到充分保护,创新价值得到更大体现,创新资源配置效率大幅提高,创新人才合理分享创新收益,使创新驱动发展战略真正落地,进而打造促进经济增长和就业创业的新引擎,构筑参与国际竞争合作的新优势,推动形成可持续发展的新格局,促进经济发展方式的转变。

42."十三五"时期,为什么要激发创新创业活力,推动大众创业、万众创新?

随着"十三五"的临近,大众创业、万众创新的理念正日益深入人心。随着各地各部门认真贯彻落实,业界学界纷纷响应,各种新产业、新模式、新业态不断涌现,有效激发了社会活力,释放了巨大创造力,成为经济发展的一大亮点。

一方面,"大众创业、万众创新"有助于推动我国经济结构调整、打造发展新引擎、增强发展新动力、走创新驱动发展道路。要使经济实现健康持续发展，离不开大量的市场参与者、灵活高效的调节机制和竞争有序的市场格局。无论是大众创业，还是万众创新，都少不了一个“众”字。对于中国这样一个庞大经济体而言，如果只有少数市场主体参与，显然难以满足全国统一市场的需要。许多地方经过发展认识到，“活力增长财力，人气带来财气”。推进“双创”，既可以在最大范围内推动人财物等各种市场要素自由流动，更可以倒逼不合理的体制机制实现改革突破，最终提升整个经济的运行效率。

市场如果死气沉沉终究难以为继，因此，必须根据经济规律不断培育经济发展的新动力，让经济“活起来、动起来”。鲶鱼效应也好，蝴蝶效应也罢，都是通过关键环节的突破，最终带动面上的变革。我国地域辽阔、人口众多，回旋余地大，经济基础较好。“专业人士”也不是天生的，而是在市场历练中培养成长的，“双创”可以促使众人的奇思妙想变为现实，涌现出更多各方面的“专业人士”，让人力资源转化为人力资本，更好地发挥我国人力资源雄厚的优势。

另一方面讲，“大众创业、万众创新”也是践行群众路线、满足群众过上更好生活愿望的必然要求。大众创业、万众创新参与者从无到有、从小到大，是人的创造性社会实践过程。马克思恩格斯早就提出：“思想本身根本不能实现什么东西。思想要得到实现，就要有使用实践力量的人。”毛泽东同志也指出：“人民，只有人民，才是创造世界历史的动力。”采取包括“双创”在内的各种方式，允许和鼓励全社会勇于创造，大力解放和发展生产力，有助于社会最终实现共同富裕。

一花独放不是春，百花齐放春满园。“大众创业、万众创新”中有挑战更有机遇，既会滴下辛勤的汗水，也有望迎来丰收场景。人们如今所熟知的阿里巴巴等世界级互联网企业，也都是数年前从草根起家，不断坚持创新创业成功的。

43. 为什么在“十三五”时期要强调实施网络强国战略，实施“互联网+”行动计划？

目前，全球十大互联网公司中，美国有 6 家，中国有 4 家，我国在互联网新经济中表现不俗，特别是在消费互联网领域，下一步如何从消费互联网走向产业互联网，在“互联网+”过程中建成制造业强国、网络强国值得思考。

我国是互联网大国，网民人数世界最多，但目前还不是网络强国。如何从网络大国走向网络强国，重点是依靠技术创新。所以在技术创新上，要改变我国在一些领域受制于人的局面，靠创新发展来实现从网络大国向网络强国的转变。互联网已经成为继陆地、海上、空中、太空的第五大疆域，有关互联网的新经济成为中国经济稳增长非常重要的引擎之一。值得注意的是，大众创业、万众创新中80%是与互联网有关的，所以我们要通过技术的创新和制度的创新双轮驱动，实现从网络大国向网络强国的转变。

中国现代化和发达国家比较起来，最大的优势是现在已经有生物信息革命的技术准备。在这方面，如果把握好机遇，我们未来现代化的道路一定比发达国家曾经走过的道路会更好，潜力更大，起点更高。

因此，“十三五”时期我国应顺应世界“互联网+”发展趋势，充分发挥我国互联网的规模优势和应用优势，推动互联网由消费领域向生产领域拓展，加速提升产业发展水平，增强各行业创新能力，构筑经济社会发展新优势和新动能。坚持改革创新和市场需求导向，突出企业的主体作用，大力拓展互联网与经济社会各领域融合的广度和深度。着力深化体制机制改革，释放发展潜力和活力；着力做优存量，推动经济提质增效和转型升级；着力做大增量，培育新兴业态，打造新的增长点；着力创新政府服务模式，夯实网络发展基础，营造安全网络环境，提升公共服务水平。

44. 发展分享经济，实施国家大数据战略的具体措施有哪些？

大数据带来的变革是全方位的。作为具有强大变革能力的大数据，不仅引发技术革命、经济变革，更引发政府治理的变革。事实上，信息技术革命推动政府再造和治理变革早已成为全球性趋势。大数据对于中国的战略意义毋庸置疑。

理性和开放是“十三五”时期迎接大数据浪潮的必备素质，无论对于政府、公司还是个人。要避免成为信息孤岛，避免不再错失这次产业革命，就要从顶层设计入手，在软件、硬件和信息沟通机制三个层面做好准备。

中国制定国家大数据战略的主要内容包括：构建大数据研究平台，即国家顶层规划，整合创新资源，实施“专项计划”，突破关键技术；构建大数据良性生态环境，制定支持政策、形成行业联盟、制定行业标准；构建大数据产业链，促进创新链与产业链有效嫁接。

由于大数据的去中心化和非结构性特点，自上而下和自下而上就显得不是那么泾渭分明了。政府一定要开放心态，打开数据之墙，让公众可以真切地参与到执政过程中，做到真正的政府公开，科学执政。同时，用户隐私权会成为大数据时代一个极具争议的话题。大数据从本质上要求信息开放，而信息开放是一个复杂问题，有些涉及行业内部竞争，受到商业因素影响，企业不愿意开放；有些涉及个人或者行业本身的隐私或机密，无法开放。在大数据应用的过程中，对互联网用户隐私权和数据的保护，是开放信息时的重要考虑因素。在思考这一问题时，国家应该具体问题具体分析。政府应该审慎分析哪些领域的数据能开放，考虑开放共享后数据的管理、数据的质量、数据的隐私和数据的保护等问题。

挖掘大数据的价值，推动大数据的发展，政府需要发挥作用。大数据是一个众多关键行业关注的问题，从国家角度来看，大数据是一种重要的战略资源。同时，学术界要和产业界共同支持和鼓励大数据的发展。只有学术和产业价值融合，才能真正发挥大数据的应用价值。虽然学术界和产业界关注的价值点并不完全一致，但仍存在一些共性。发现和利用其中的共性，对解决发展大数据战略中出现的问题很重要。

大数据给中国发展带来了新的机遇。抓住生产方式转变这一关键，才能解决发展方式转变的深层次矛盾。面向未来，大数据将激发巨大的内需增量，建设智慧城乡，密切政府和民众的联系，促进民主与社会进步。大数据产业将形成新的增长点，数据业务主营化带来各行各业转型升级。借大数据的东风，用信息生产力与先进生产方式带动发展方式和经济运行机制的转变，可以为中国带来"数字红利"，提高"新四化"建设的现代化水平。

未来以政府以及电信、教育、医疗、金融、石油石化和电力等行业为重点的大数据应用将直接拉动整个社会的应用规模。大数据将带来一个始料未及的变革性影响，将使数据业务成为各行各业的主营业务，围绕大数据，企业将向分析即服务升级转型，从而改变各行各业的业态。广义的分析即服务，包含一切以大数据为基础的高附加值的创造性服务，例如基于咨询数据平台的生活方式设计师服务、基于统计数据挖掘的商业分析服务、基于设计平台的创意服务，还有基于大数据的设计服务、管理服务、教育服务、翻译服务以及基于行业或价值模块细分的服务，等等。

抓住大数据的机遇，中国将在现代化的制高点上，而不仅是国内生产总值的量的积累上，提高信息时代的国际竞争力。

45."十三五"时期，应当如何进一步深化行政管理体制改革，转变政府职能？

"十三五"时期，在行政管理体制改革中，要把政府职能转变放在更加突出的位置，处理好政府与市场、政府与社会、政府层级间的关系，把该放的权力放开到位，把该管的事情管住管好，强化对行政权力的制约监督，推动部门职能向创造良好发展环境、提供优质公共服务、维护社会公平正义转变，进一步激发市场、社会的创造活力，切实提高政府管理科学化水平。一是推行简政放权，减少行政审批事项。减少微观事务管理，充分发挥市场在资源配置中的决定性作用，更好发挥社会力量在管理社会事务中的作用，更好发挥地方政府贴近基层、就近管理的优势；二是改善政府管理，加强事中事后监管。推行简政放权，减少行政审批事项后，政府机关要转变管理理念，改进工作方式，加强事中事后监管，有效履行职责，避免管理缺位，防止“一放就乱”；三是依法行政，规范行政权力运行。加快法制政府建设，完善依法行政各项制度，坚持用制度管权管事管人，提高政府公信力和执行力。

那么，行政机构应该如何优化机构设置、职能配置、工作流程，大力推进政府机构改革？要强化政府工作部门机构和职责整合，规范机构设置，理顺权责关系，完善体制机制。一是整合卫生、人口和计划生育部门的机构和职责，优化配置基层医疗卫生和计划生育服务资源；二是整合文化、体育、广播电影电视和新闻出版机构职责，建立大文化管理体制；三是推进地方食品药品监督管理体制改革，建立健全食品药品监管机构、并将监管职责延伸至乡镇、村，实现食品药品监管全覆盖，确保食品药品监管机构有足够力量和资源有效履行职责；四是有条件的地区，可结合自身实际，因地制宜地继续探索大农业管理体制；五是按省统一部署，落实省以下工商、质监行政管理体制调整，实行分级管理；六是着力推进政务服务平台建设，加强基层政府政务服务体系建设，打造更为综合、更为高效的政务服务平台。按照中央关于进一步推进政务服务规范化建设的有关精神，组建政务服务管理机构；七是继续整合工程建设项目招投标、土地使用权和矿业权出让、国有资产交易、政府采购等平台，建立统一规范的公共资源交易平台；八是建立健全现代财政制度、税收制度，改革并完善适应现代金融市场发展的金融监管框架。

46.我国经济在“十三五”时期进入新常态之后，应该如何激发市场活力和社会创造力？

新常态下，中国经济要行稳致远，必须打造新引擎，改造传统引擎。打造新引擎重要手段之一就是要激发市场活力和社会创造力，就是把全社会每一个细胞都激活，使整个经济肌体充满生机，汇聚成巨大的推动力量。管制束缚创新，竞争促进繁荣，只有为市场主体松绑减负，才能点燃创新发展的火炬。改造传统引擎，重点是扩大公共产品和公共服务供给。这几年，我们在加强服务方面花了不少气力，但公共产品短缺、公共服务薄弱等问题依然突出。增加这方面的供给，最关键的仍然是放开准入，允许民间资本和社会力量更为便捷地进入相关领域。只有进一步简政放权、放管结合、优化服务，做到“放、管、服”三管齐下，才能打造好中国经济行稳致远的“双引擎”，实现稳增长、调结构、促就业、惠民生的经济社会发展目标。

减少政府干预，发挥市场力量，营造更为宽松便利的营商环境，是全球化背景下国家间竞争所倚重的重要手段。基于政府规制存在的严重弊端，美国从上世纪 70 年代就开始推进简政放权改革，大幅度精简行政审批事项，向市场和社会放权，并严格依法设定和规范行政审批行为。日本自上世纪 60 年代开始，先后进行了 7 次大规模的行政审批制度改革，重点是减少行政审批事项、简化审批程序，并在原有的行政管制领域引入市场机制。近些年，我国经济发展的环境压力不断增大，人力、资源、土地等要素成本不断上升，传统竞争优势逐步下降。通过简政放权等改革来营造宽松、公平的营商环境，是激发市场活力和社会创造力，培育我国国际竞争新优势的重要途径。

47.“十三五”时期，为什么要改革并完善适应现代金融市场发展的金融监管框架？

在创新发展背景下，改革并完善适应现代金融市场的监管框架有着深刻含义。我国金融市场总体表现为分业发展，但同时业务边界越来越模糊，金融机构逐渐开展综合经营。尤其在互联网金融出现后，更加反映出现有的监管模式与金融发展状况存在脱节，目前的分业监管体制将无法较好地完成对混业经营的监管任务。

2015 年 10 月 24 日，央行在今年的第四次降息的同时放开了存款利率上限，利率市场化至少在形式上已经基本完成，而国际经验表明，利率市场化后金融混业经营将是大势所趋。2015 年 6 月中旬以来的股市波动，反映出我国金融监管存在空白领域，监管协调性存在问题。我国的金融风险将来自银行、证券、保险等各个方面，有可能互相影响从而产生叠加效应。为适应金融市场发展的新情况，适度调整现有的监管模式尤为重要。

“十三五”时期，总的方向是功能监管，厘清边界，建立一体化和有效的监管模式。比如，要建立宏观审慎的监管体系，包括逆周期监管，从而厘清政府与市场的关系，保证金融市场有效运行。

48.全面放开竞争性领域商品和服务价格的基本原则是什么？

党的十八届五中全会指出，要创新和完善宏观调控方式，在区间调控基础上加大定向调控力度，减少政府对价格形成的干预，全面放开竞争性领域商品和服务价格。“十三五”时期要实现全面放开竞争性领域商品和服务价格，必须坚持以下原则。

(1)坚持市场决定。正确处理政府和市场关系，凡是能由市场形成价格的都交给市场，政府不进行不当干预。推进水、石油、天然气、电力、交通运输等领域价格改革，放开竞争性环节价格，充分发挥市场决定价格作用。

(2)坚持放管结合。进一步增强法治、公平、责任意识，强化事中事后监管，优化价格服务。政府定价领域，必须严格规范政府定价行为，坚决管细管好管到位；经营者自主定价领域，要通过健全规则、加强执法，维护市场秩序，保障和促进公平竞争，推进现代市场体系建设。

(3)坚持改革创新。在价格形成机制、调控体系、监管方式上探索创新，尊重基层和群众的首创精神，推动价格管理由直接定价向规范价格行为、营造良好价格环境、服务宏观调控转变。充分发挥价格杠杆作用，促进经济转型升级和提质增效。

(4)坚持稳慎推进。价格改革要与财政税收、收入分配、行业管理体制等改革相协调，合理区分基本与非基本需求，统筹兼顾行业上下游、企业发展和民生保障、经济效率和社会公平、经济发展和环境保护等关系，把握好时机、节奏和力度，切实防范各类风险，确保平稳有序。

第四章　坚持协调发展，着力形成平衡发展结构

改革开放30多年来，我国取得了世界瞩目的发展成就，但同时成长的烦恼也不断显现。从区域差距到城乡差距，再到物质文明和精神文明发展不同步，发展中不平衡、不协调、不可持续问题突出，暴露出发展面临的瓶颈制约，更催生着发展理念与方式的深刻转变。为此，十八届五中全会《建议》提出了创新、协调、绿色、开放、共享的“五大发展理念”，其中“协调发展”强调的是“全面”二字，注重的是解决发展不平衡问题。坚持协调发展，必须牢牢把握中国特色社会主义事业总体布局，正确处理发展中的重大关系。抓住重点要害，才能“举一纲而万目张”。促进城乡区域协调发展，破解城乡二元结构难题；促进经济社会协调发展，改变“一条腿长、一条腿短”失衡问题；促进新型工业化、信息化、城镇化、农业现代化同步发展，在增强国家硬实力的同时注重提升国家软实力，不断增强发展整体性。把这几个发展中的重大关系摆正理顺，就能使单项发展的动能聚合成整体发展的势能，形成更有利于解决发展问题的总体之势，开创相互促进、协同推进的良好发展局面。

49.“十三五”时期，坚持协调发展必须牢牢把握的基本要求是什么？

我国在协调发展方面存在三个比较突出的问题：一是城乡二元结构和城市内部二元结构的矛盾依然比较突出；二是区域发展不平衡，东中西部、东北区域间是不平衡的；三是社会文明程度和国民素质与经济社会发展的水平还不匹配。所以“十三五”期间要按照协调发展的要

求,继续推动区域协同、城乡一体、物质文明和精神文明协调发展。在协调发展中拓宽发展的空间,在加强薄弱领域中增强发展的后劲。

为此,十八届五中全会《建议》指出:增强发展协调性,必须坚持区域协同、城乡一体、物质文明精神文明并重、经济建设国防建设融合,在协调发展中拓宽发展空间,在加强薄弱领域中增强发展后劲。

(1)推动区域协调发展。塑造要素有序自由流动、主体功能约束有效、基本公共服务均等、资源环境可承载的区域协调发展新格局。

(2)推动城乡协调发展。坚持工业反哺农业、城市支持农村,健全城乡发展一体化体制机制,推进城乡要素平等交换、合理配置和基本公共服务均等化。

(3)推动物质文明和精神文明协调发展。坚持"两手抓、两手都要硬",坚持社会主义先进文化前进方向,坚持以人民为中心的工作导向,坚持把社会效益放在首位、社会效益和经济效益相统一,坚定文化自信,增强文化自觉,加快文化改革发展,加强社会主义精神文明建设,建设社会主义文化强国。

(4)推动经济建设和国防建设融合发展。坚持发展和安全兼顾、富国和强军统一,实施军民融合发展战略,形成全要素、多领域、高效益的军民深度融合发展格局。

50. 中国特色社会主义事业的总体布局是什么?

党的十八大报告强调:"建设中国特色社会主义,总依据是社会主义初级阶段,总布局是五位一体,总任务是实现社会主义现代化和中华民族伟大复兴。"这个新概括,高屋建瓴,提纲挈领,是我们坚持和发展中国特色社会主义最重要的顶层设计。其中,确立经济建设、政治建设、文化建设、社会建设、生态文明建设五位一体的总布局,是我们党对社会主义建设规律在实践和认识上不断深化的重要成果。

中国特色社会主义是全面发展的社会主义,五位一体总体布局是坚持和发展中国特色社会主义的必然要求。以经济建设为中心是兴国之要,发展是解决我国所有问题的关键,只有推动经济持续健康发展,才能筑牢国家繁荣富强、人民幸福安康、社会和谐稳定的物质基础。人民民主是社会主义的生命,是我们党始终高扬的光辉旗帜,只有发展社会主义民主政治,建设社会主义法治国家,保证人民当家作主,才能使我国社会主义民主政治展现出更加旺盛的生命力。文化是民族的血脉,是人民的精神家园,只有推动社会主义文化大发展大繁荣,提高国家文化软实力,才能发挥文化引领风尚、教育人民、服务社会、推动发展的作用。加强社会建设是社会和谐稳定的重要保证,只有在改善民生和创新管理中加强社会建设,才能开创社会和谐人人有责、和谐社会人人共享的生动局面,为改革开放和社会主义现代化建设营造良好社会环境。生态文明建设关系人民福祉、关乎民族未来,只有尊重自然、顺应自然、保护自然,才能实现中华民族永续发展。在中国特色社会主义事业五位一体的总体布局中,经济建设是中心,政治建设是保障,文化建设是灵魂,社会建设是条件,生态文明建设是基础,它们之间相互作用、相互影响、相互支撑,是一个相互联系相互促进的有机整体。这个总体布局,体现了科学发展的要求,有利于促进现代化建设各方面相协调,促进生产关系与生产力、上层建筑与经济基础相协调,形成经济富裕、政治民主、文化繁荣、社会公平、生态良好的发展格局,推动当代中国全面发展进步,把我国建设成为富强民主文明和谐的社会主义现代化国家。

中国特色社会主义事业五位一体总体布局,顺应人民群众的新期待,展示了中国特色社会主义事业的光明景象。期盼有更好的教育、更稳定的工作、更满意的收入、更可靠的社会保障、更高水平的医疗卫生服务、更舒适的居住条件、更优美的环境,是人民对美好生活的向往,也是我们党的奋斗目标。在改革开放30多年一以贯之的接力探索中,我们国家快速发展起来,我国人民生活水平快速提高起来。但是,经济社会发展中不平衡、不协调、不可持续的问题依然突出,特别是资源环境约束趋紧,如期全面建成小康社会任务十分艰巨。党的十八大把生态文明建设纳入中国特色社会主义事业总体布局，放在突出位置，融入经济建设、政治建设、文化建设、社会建设各方面和全过程，这对于我们加快转变经济发展方式，走生产发展、生活富裕、生态良好的文明发展道路，给子孙后代留下天蓝、地绿、水净的美好家园，努力建设美丽中国，实现中华民族永续发展，具有重大现实意义和长远指导意义。

51.“十三五”时期，如何正确处理我国经济社会发展中的重大关系？

“十三五”时期，必须处理好我国经济社会发展过程中各种关系，特别是若干带有全局性的重大关系。正确处理这些重大关系要贯彻一个总的思想，就是以中国特色社会主义理论体系和党的基本路线为指导，针对新常态下所遇到的涉及全局的新矛盾和新问题，明确我们应当坚持的原则。目的是在总结历史经验的基础上，努力把握客观规律，统一全党认识，团结全国各族人民，调动一切积极因素，确保如期全面建成小康社会。

“十三五”时期，要立足于我国经济社会发展新常态，正确处理好以下三个方面的关系。

(1)处理好发展改革稳定的关系。改革是动力，发展是目的，稳定是前提，三者互为条件、相互支撑。要坚持从实际出发推进改革和发展，把改革的力度、发展的速度和社会可承受的程度统一起来，努力在深化改革中促进发展，在完善体制和加快发展的基础上维护社会稳定。一是增强改革的坚定性。协调推进各项改革，加快完善社会主义市场经济体制，用改革的办法解决发展和稳定中出现的突出矛盾与问题。二是增强加快发展的积极性。始终坚持以发展为主题，积极主动地做好工作，用发展的眼光、发展的思路、发展的办法来解决前进中的困难和问题。三是增强维护稳定的自觉性。坚持把维护和发展人民群众的利益作为各项改革的出发点和落脚点，正确把握各项改革措施的出台时机和推行力度，避免引起大的社会动荡，确保社会长治久安和人民群众安居乐业。

解决中国的现实问题依然需要靠发展,改革也是发展,今天的改革是以问题倒逼催生的发展。"十三五"规划体现发展的精神,改革的精髓。但改革与发展又必须兼顾社会稳定。在社会稳定的前提下,发展才有动力,改革才能赢得支持。

(2)处理好速度质量效益的关系。我们反对不讲质量效益、破坏生态环境的发展模式,杜绝损害群众利益、竭泽而渔或滥竽充数的 GDP,必须要防止任何片面、绝对的极端作为,用科学精神、科学态度和思想方法对待 GDP,辩证地看待生产总值增长。不简单以 GDP 论英雄,绝不是不要经济社会发展的增长率,不讲速度、不要发展,而是要摆正生产总值在整个经济社会发展中的位置,去数字增长之"标",要质量增长之实。

我国经济社会发展进入新常态后,必须认识到作为一个发展中大国,还需要一定的经济增长速度来支撑。在"十三五"期间,依然需要强调经济增长的合理区间,依然需要保持好投资、消费、进出口三者之间的比例协调关系,形成一个讲求质量的发展速度、获得经济社会效益的增长速度。

(3)处理好经济与社会和人与自然的关系。处理好经济建设、人口增长与资源利用、生态环境保护的关系,推动整个社会走上生产发展、生活富裕、生态良好的文明发展道路,是全面建成小康社会的重要目标之一。要在统筹人与自然和谐发展的实践中,努力做到"三个统一":一是做到经济发展与人口增长相统一。促进人口均衡发展,坚持计划生育的基本国策,完善人口发展战略,全面实施一对夫妇可生育两个孩子政策,积极开展应对人口老龄化行动,提高出生人口素质。二是做到资源开发与资源保护相统一。坚持"在保护中开发,在开发中保护"的原则,标本兼治,综合治理,严格保护和合理利用各种自然资源,最大限度地发挥资源的经济效益和社会效益。三是做到经济开发与生态建设相统一。坚持经济发展、城乡建设与环境保护同步规划、同步实施、同步发展的方针，积极推进退耕还林(草)、荒山植树造林、天然林保护、水土保持和自然保护区建设，切实改善生态环境。

从过去的经验看，我们只有遵循经济规律才能实现科学发展，只有遵循自然规律才能实现可持续发展，只有遵循社会规律才能实现包容式发展。“十三五”时期，需要我们进一步解决好经济社会发展、人与自然关系的不平衡问题，过度发展现实人的物质追求而不顾环境资源承受力问题，既降低了现代人的幸福指数，也是对未来人的不公。因此，“十三五”时期，要处处强调包容式发展。

52.“十三五”时期，怎样做到新型工业化、信息化、城镇化、农业现代化同步发展？

统筹推进工业化、信息化、城镇化、农业现代化，是我国经济社会发展面临的重大课题，是全面建成小康社会的一项重大战略举措。党的十八大报告提出，坚持走中国特色新型工业化、信息化、城镇化、农业现代化道路，推动信息化和工业化深度融合，工业化和城镇化良性互动，城镇化和农业现代化相互协调，促进工业化、信息化、城镇化、农业现代化同步发展。十八届五中全会《建议》也指出：要“促进经济社会协调发展，促进新型工业化、信息化、城镇化、农业现代化同步发展”。“四化同步”指明了我国未来新的经济增长格局，有利于我们更好地推动经济社会全面协调可持续发展。

(1)推动信息化和工业化深度融合。信息革命浪潮在全球范围内方兴未艾，我国只有牢牢把握这一战略机遇，推动信息化和工业化深度融合，才能实现赶上并超过发达国家。

目前，发达国家已经完成工业化，并进入信息化阶段。我国工业化还没有完成，总体上处于工业化中期阶段，而信息化又扑面而来。究竟如何处理工业化和信息化的关系？显然不能走发达国家工业化完成之后再搞信息化的老路。如果这样就会错失信息革命所带来的机遇，不仅不能赶上发达国家，甚至与发达国家的差距越来越大，因为包括信息技术在内的科技进步速度越来越快,甚至可以用一日千里来形容。由于历史原因,我国没有抓住前几次产业革命的机遇,以信息革命为标志的产业革命为我国提供了一次千载难逢的历史机遇,客观上要求我们必须牢牢地抓住而不可丧失这一机遇。同时,我们也不能跨越工业化阶段孤立地搞信息化,因为信息化离不开工业化,可以说没有工业化就没有信息化,信息产品在一定意义上也是工业产品,或者说要通过工业品来传递信息。例如,计算机是信息产品,同时又是通过工业生产线生产的。我国面临工业化和信息化双重任务,唯一可行的选择就是工业化与信息化并举,通过工业化促进信息化,通过信息化带动工业化,推动信息化和工业化深度融合。

实现信息化与工业化深度融合,一是要加快推动和鼓励信息技术创新,在国民经济和社会发展的各个领域研制和运用世界上最先进信息技术。二是要加快对传统产业进行技术改造,用最新的信息技术改造传统产业。信息技术可以运用在生产经营过程的方方面面,通过技术改造可以让传统产业焕发青春和新的活力。三是要在新兴产业中实现工业技术与信息技术一体化。四是要在国民经济的各个领域和千家万户同步运用工业和信息技术。不仅要把信息技术渗透到工业,同时也要渗透到农业、服务业,推进农业和服务业现代化。

(2)推动工业化和城镇化良性互动。工业化就是工业代替农业成为国民经济主导产业的过程,是绝大多数国家或地区必经的历史阶段。发达国家在完成工业化之后,虽然有的国家工业产值比重和劳动力比重已经低于第三产业,但并不意味着工业在国民经济中不重要了。恰恰相反,工业依然是绝大多数发达国家的主导产业。国际金融危机之后,美国等一些发达国家提出要实现再工业化,就充分反映了这些国家对实体经济特别是工业的重视。除了少数国家依靠第三产业之外,绝大多数发达国家都有着发达的工业,即使有的国家把生产环节转向国外,但仍然掌握着相关领域的核心技术,具备核心竞争力。城镇化就是城镇人口在总人口中的比重逐步提高、农村人口逐步降低的过程,或者说是市民代替农民的过程。城镇化也是经济社会发展的必然的结果。目前西方发达国家城镇化率已经超过80%甚至90%。我国工业化总体上还处于中期阶段，城镇化率刚刚超过50%，因此需要继续推进工业化和城镇化。

工业化和城镇化不能孤立发展，而是需要实现二者的良性互动。一方面，要通过工业化推动城镇化。没有工业支撑的城镇化容易导致产业空心化。从世界各国城镇化发展规律来看，除了少数大城市可以通过打造政治中心、金融中心和少数小城镇通过旅游带动之外，绝大多数都需要现代工业的支撑。工业是一个地区特别是城市的“脊梁”。城镇化不是通过简单地建造几栋楼房，修几条马路，把农民从平房搬到楼房，而需要有产业特别是工业的支撑。另一方面，要通过城镇化带动工业化。城镇化的过程也是一个人口集聚的过程，它可以为工业化提供便利的生产要素交易市场，减少交易成本，可以提供庞大的工业品市场，可以为工业发展提供良好的基础设施等。

工业化推动城镇化，一是需要对工业进行合理布局。工业的发展固然可以吸纳农村劳动力，但是工业化并不意味着一定能够推动城镇化。过去一个时期，有的地区在工业化的过程中呈现出村村点火、户户冒烟的现象，工业过度分散，虽然人口脱离了农业劳动，但并没有相应地推进城镇化。要解决这个问题，就需要对工业进行合理布局，实现工业企业的相对集中，一个行之有效的措施就是推进工业项目进园区，让更多劳动力在一个地区进行聚集。工业产业和劳动力的相对聚集，自然要产生物流、商贸、住宿、餐饮、娱乐、教育、文化等生产性服务业和生活性服务业，从而推动城镇化发展。二是要深化户籍制度改革，有序推进农业转移人口市民化，努力实现城镇基本公共服务常住人口全覆盖，让农村转移出来的劳动力真正地享受城市文明。三是要走中国特色新型工业化道路，也就是说在大力发展技术密集型工业的同时运用现代技术改造传统产业，发展新型的更加注重资源节约和环境保护的工业，避免走传统的在发展工业的同时污染环境的老路；发展与现代工业相适应的现代金融、保险、信息等服务业,实现工业与服务业的协调发展。

城镇化带动工业化,一是要打造良好的投资环境。工业化过程是一个资本等生产要素集聚的过程,要发挥生产要素的综合效益,就需要对城市的功能按照历史、人文、地理、气候、居民生活等进行合理规划,实现更多工业生产要素在空间上的合理布局。既需要提供配套齐全的基础设施,打造良好的投资硬环境,也需要打造诚实、守信、投资者利益得到切实保护的良好人文政策环境。二是要打造良好的人居环境,包括适宜人居的自然环境、方便快捷的交通服务、均衡优质的教育文化资源等。因为工业化过程也是一个劳动力集聚的过程,在劳动力资源日益成为稀缺资源的条件下,劳动力成为工业企业发展的制约因素,需要提供上述条件,吸引足够的劳动力以满足工业化的需要。三是要造就一大批懂经营会管理包括企业家在内的高素质人才队伍。无论是发展工业还是发展服务业,最重要的生产要素是企业家以及各类人才,因此,需要在城镇化的过程中培养、吸引、造就更多的企业家和各类人才。

(3)推动城镇化和农业现代化相互协调。城镇化和农业现代化相互影响相互促进。城镇化促进农业现代化,一是可以吸纳大量农村剩余劳动力,在满足城市自身发展需要的同时,少量的农民可以耕种更多的土地,为实现规模经济创造了条件,提高了农业劳动生产率,农民生活和就业有了新的出路。二是有利于提高农民素质,城镇化让农民也享受到来自城市的文明,改变了生产方式、生活方式和行为方式。三是为农产品提供广阔市场,同时也提出了更多数量和品质要求。因此,只有不断推进农业现代化才能更好地满足城乡居民需求。农业现代化同样可以促进城镇化,因为农业现代化就是用现代科学和管理技术武装农业生产经营的过程,伴随着农业机械化和信息化的广泛使用,可以从农业领域节约大量劳动力进入第二、第三产业,弥补城市劳动力的不足,促进城镇化发展。

未来我国推进城镇化和农业现代化的任务依然十分艰巨,需要推动二者相互协调,良性互动。一是要科学规划,实现城乡发展在空间布局、基础设施、社会保障和社会福利、教育和文化等一体化，为农业现代化和城镇化造就和培育更多高素质劳动力和各级各类人才。二是要深化改革，完善生产要素市场，促进城乡生产要素平等交换和公共资源均衡配置，形成以工促农、以城带乡、工农互惠、城乡一体的新格局。三是农业现代化的过程不是简单地大量使用农药、化肥、除草剂等化学产品的过程，更多的是要实现农业生态文明，让更多城市居民在享受更多高质量农产品的同时，可以到农村享受现代农业和农村文明。

"四化"同步发展本质是互动，最终是要实现统筹发展。"四化"是一个整体系统，工业化创造供给，城镇化创造需求，工业化、城镇化可以带动和装备农业现代化，农业现代化则为工业化、城镇化提供支撑和保障，信息化将有力地推进其他"三化"发展，而信息化自身的发展也有赖于工业化、城镇化和农业现代化。促进"四化"在互动中实现同步，在互动中实现协调，才能实现社会生产力的跨越式发展。

53.“十三五”时期，如何提升国家软实力?

国家软实力，实际上是一个国家的文化实力，它是一国综合国力的重要体现。上个世纪 90 年代初，美国人约瑟夫·奈提出了软实力的概念，认为软实力即国家的文化力量，包括三种力量，一是对他国产生的文化吸引力；二是本国的政治价值观；三是具有合法性的和道德威信的外交政策。程天权教授认为，软实力可以有两个方面的含义，即外部软实力和内部软实力。外部软实力，包括国家的创造力、思想影响力、观念文化的亲和力及文化产品传播能力和辐射能力等；内部软实力，包括凝聚本国民族的民族精神和传统文化等。

提高国家文化软实力，是我们党和国家的一项重大战略任务。党的十八大以来，习近平总书记多次在不同的场合，就国家文化软实力阐发了一系列重要论述。习近平总书记指出，"提高国家文化软实力，关系'两个一百年'奋斗目标和中华民族伟大复兴中国梦的实现"，"核心价值观是文化软实力的灵魂、文化软实力建设的重点"。"提高国家文化软实力，要努力提高国际话语权，加强国际传播能力建设”。

(1)提高国家文化软实力，要努力夯实国家文化软实力的根基。要坚持走中国特色社会主义文化发展道路，深化文化体制改革，深入开展社会主义核心价值体系学习教育，广泛开展理想信念教育，大力弘扬民族精神和时代精神，推动文化事业全面繁荣、文化产业快速发展。夯实国内文化建设根基，一个很重要的工作就是从思想道德抓起，从社会风气抓起，从每一个人抓起。要继承和弘扬我国人民在长期实践中培育和形成的传统美德，坚持马克思主义道德观、坚持社会主义道德观，在去粗取精、去伪存真的基础上，坚持古为今用、推陈出新，努力实现中华传统美德的创造性转化、创新性发展，引导人们向往和追求讲道德、尊道德、守道德的生活，让13亿人的每一分子都成为传播中华美德、中华文化的主体。

(2)提高国家文化软实力，要努力传播当代中国价值观念。当代中国价值观念，就是中国特色社会主义价值观念，代表了中国先进文化的前进方向。我国成功走出了一条中国特色社会主义道路，实践证明我们的道路、理论体系、制度是成功的。要加强提炼和阐释，拓展对外传播平台和载体，把当代中国价值观念贯穿于国际交流和传播的方方面面。

(3)提高国家文化软实力，要努力展示中华文化独特魅力。在5000多年文明发展进程中，中华民族创造了博大精深的灿烂文化，要使中华民族最基本的文化基因与当代文化相适应、与现代社会相协调，以人们喜闻乐见、具有广泛参与性的方式推广开来，把跨越时空、超越国度、富有永恒魅力、具有当代价值的文化精神弘扬起来，把继承传统优秀文化又弘扬时代精神、立足本国又面向世界的当代中国文化创新成果传播出去。要系统梳理传统文化资源，让收藏在禁宫里的文物、陈列在广阔大地上的遗产、书写在古籍里的文字都活起来。要以理服人，以文服人，以德服人，提高对外文化交流水平，完善人文交流机制，创新人文交流方式，综合运用大众传播、群体传播、人际传播等多种方式展示中华文化魅力。

(4)提高国家文化软实力，要努力提高国际话语权。要加强国际传播能力建设，精心构建对外话语体系，发挥好新兴媒体作用，增强对外话语的创造力、感召力、公信力，讲好中国故事，传播好中国声音，阐释好中国特色。对中国人民和中华民族的优秀文化和光荣历史，要加大正面宣传力度，通过学校教育、理论研究、历史研究、影视作品、文学作品等多种方式，加强爱国主义、集体主义、社会主义教育，引导我国人民树立和坚持正确的历史观、民族观、国家观、文化观，增强做中国人的骨气和底气。

54.“十三五”时期，怎样增强发展的整体性？

所谓社会的整体性发展，简而言之，是指社会系统的关联性发展，具体而言，是指构成社会系统的静态的要素间(如人、物等)和动态的阶段之间的关联性发展。党的十八大以来，我国真正步入了整体性发展的新时代，这表现为从发展理念的提出、发展战略的布局到发展实践的推进，都呈现出了鲜明的整体性特征。“十三五”时期，要从以下四个方面来增强发展的整体性：

(1)发展目标的整体性。这种目标就表现为中国梦。中国梦的整体性主要有两层含义：其一，作为发展目标，中国梦本身具有整体性。即我们实现中国梦，不是实现其中的一个方面的子内容，而是包括从民族复兴、国家富强到人民幸福的多维内容的全面实现。如果只是实现了其中一个方面的内容或子目标，那就不成其为中国梦了。其二，作为发展目标，实现中国梦的过程具有整体性，即实现中国梦是一个长期的过程，这个过程始于近代，正在实现于当下。但无论是过去、现在还是将来，中国梦作为我们的奋斗目标，都具有整体性的导引作用。或者说，中国梦的伟大目标具有一以贯之、总括全局、涉及长远的统领性。我们党的庄严使命、改革开放的根本目的、我们国家的奋斗目标，都聚焦于这个总任务、归结于这个总任务。我们要紧紧扭住这个总任务，一代一代锲而不舍干下去。

(2)发展任务的整体性。发展任务的整体性表现为经济建设、政治建设、文化建设、社会建设、生态文明建设的“五位一体”。习近平总书记指出:“坚持以经济建设为中心,在经济不断发展的基础上,协调推进政治建设、文化建设、社会建设、生态文明建设以及其他各方面建设。”这五种建设都是整个中国特色社会主义事业的有机组成部分,都属于中国发展的具体内容或具体任务。没有这五种建设就没有整个中国社会的发展进步,但中国社会的发展进步又不能只归结到其中的某一、两种建设上,只有上述五种建设的全面推进、协同联动,才能实现整个中国社会的发展进步。

(3)发展战略布局的整体性。发展战略布局的整体性表现为“四个全面”的战略布局,即全面建成小康社会、全面深化改革、全面推进依法治国、全面从严治党的相互联系上。“全面”本身就具有整体性的含义,它在空间上包括着方方面面,具有极大的覆盖性;在时间上涉及未来,具有长期性。“四个全面”是相辅相成、相互促进、相得益彰的整体,其中,全面建成小康社会是我们的战略目标,全面深化改革、全面依法治国、全面从严治党是三大战略举措。同时,“四个全面”中的每一个“全面”,自身又都具有子系统的性能。我国发展战略布局的整体性,体现着当前和今后一个时期,党和国家各项工作的关键环节、重点领域、主攻方向更加清晰,内在逻辑更加严密,所体现的新一届中央领导集体治国理政的总体框架也更加完整。

(4)发展理念的整体性。在习近平总书记的一系列讲话中,都体现或蕴藏着鲜明的整体性的思维理念,或者说,习近平总书记实际上是用整体发展观来规划中国的发展,来治国理政,并认识世界的。这表现为:第一,整体性的改革观。习近平总书记指出:“改革开放是一个系统工程,必须坚持全面改革,在各项改革协同配合中推进。改革开放是一场深刻而全面的社会变革,每一项改革都会对其他改革产生重要影响,每一项改革又都需要其他改革协同配合。要更加注重各项改革的相互促进、良性互动，整体推进，重点突破，形成推进改革开放的强大合力。”第二，整体性的生态观。习近平总书记指出：“我们要认识到，山水林田湖是一个生命共同体，人的命脉在田，田的命脉在水，水的命脉在山，山的命脉在土，土的命脉在树。用途管制和生态修复必须遵循自然规律，如果种树的只管种树、治水的只管治水、护田的单纯护田，很容易顾此失彼，最终造成生态的系统性破坏。”第三，整体性的安全观。习近平总书记要求，“坚持总体国家安全观，走出一条中国特色国家安全道路”。他指出：贯彻落实总体国家安全观，要“构建集政治安全、国土安全、军事安全、经济安全、文化安全、社会安全、科技安全、信息安全、生态安全、资源安全、核安全等于一体的安全体系”。第四，整体性的国际观，即命运共同体思想。所谓命运共同体，是指存在着诸多差异的国家、民族所组成的命运攸关、利益相连、相互依存的国家集合体。习近平总书记的命运共同体思想包括着这样两方面的基本内容：命运共同体思想的差异观和命运共同体思想的统一观。命运共同体思想的差异观强调和承认世界的多样性、差异性，而这种差异观具体又表现为命运共同体思想的相互尊重原则、民主协商原则和中国声音、中国主张等；命运共同体思想的统一观表达着当今国际社会的统一性和共性，正如习近平总书记所指出的，在当今世界，“各国相互联系、相互依存的程度空前加深，人类生活在同一个地球村里，生活在历史和现实交汇的同一个时空里，越来越成为你中有我、我中有你的命运共同体”。

55.“十三五”时期，如何推动区域协调发展？

区域协调发展，并不意味着恢复平衡发展。在任何一个国家，区域发展都是不平衡的，可以说不平衡是绝对的，平衡是相对的。所谓区域协调发展，就是强调把区域发展差距控制在合理限度内，发挥各地区的发展潜力和优势，在发展中建立起良好的区际经济关系，从而推动国民经济的稳定发展。客观而言，我国改革开放以后所实施的区域经济非均衡发展战略，取得了举世瞩目的巨大成就。就我国国民经济的整体发展而言，这一战略的实施，造就了带动国民经济整体增长的经济核心区和增长极，促进了整个国民经济的高速增长，增强了国家的经济实力，提高了宏观经济效益和人民生活水平。就不同区域的经济发展而言，这一战略的实施，加快了东部沿海区域经济的发展，使东部区域特别是东南沿海区域成为推动我国国民经济持续高速增长的最重要的力量，使东部沿海开放地带和工业城市群成为我国经济最发达的精华区域。同时，通过一系列的传递、扩散机制和示范效应，也在一定程度上带动了中西部区域经济的开发和发展，促进了内地区域经济的繁荣，各区域经济都得到了快于改革前的增长。

但是，区域经济非均衡发展战略的实施也存在着一些失误和问题。一是在突出重点区域优先发展的同时，实际上对不同区域经济的协调发展重视不够，区域经济发展不平衡及其相应的区域经济发展差距拉大了，这是首要的和最突出的问题；二是在实行一系列向东部沿海区域倾斜的政策措施的过程中，不同程度地存在着范围上过分倾斜、力度上过度倾斜和时限上过长倾斜的状况，在实现发展战略的效率要求的同时，实际上对公平要求的实现兼顾不够；三是一些必要的区域经济发展的政策措施不完善和不完整，因而在区域经济发展中存在着区域之间的利益摩擦和冲突、加剧了区域经济封锁以及区域产业结构趋同等不容忽视的问题。

地区之间发展差距过大，不仅影响现代化建设的全局，还会影响社会政治的稳定。因此，促进地区之间的协调发展，是经济社会发展的必然要求。实行区域协调发展，并不是要求较发达地区放慢发展的速度，而是要求各个区域都加快发展步伐，在共同进步中实现区域发展相协调。

关于如何推动区域协调发展，十八届五中全会《建议》提出：塑造要素有序自由流动、主体功能约束有效、基本公共服务均等、资源环境可承载的区域协调发展新格局。

深入实施西部大开发，支持西部地区改善基础设施，发展特色优势产业，强化生态环境保护。推动东北地区等老工业基地振兴，促进中部地区崛起，加大国家支持力度，加快市场取向改革。支持东部地区率先发展，更好辐射带动其他地区。支持革命老区、民族地区、边疆地区、贫困地区加快发展，加大对资源枯竭、产业衰退、生态严重退化等困难地区的支持力度。

培育若干带动区域协同发展的增长极。推动京津冀协同发展，优化城市空间布局和产业结构，有序疏解北京非首都功能，推进交通一体化，扩大环境容量和生态空间，探索人口经济密集地区优化开发新模式。推进长江经济带建设，改善长江流域生态环境，高起点建设综合立体交通走廊，引导产业优化布局和分工协作。

56.“十三五”时期，怎样推动城乡协调发展？

我国城乡呈现典型的二元结构特点，特别是在社会领域的二元割裂极为严重。我国城乡之间的巨大差距，不仅严重影响了社会公平，而且对于我国经济社会的持续健康发展也产生了不利影响。随着城乡之间经济社会交流不断扩大，有不少制度改革使城乡二元结构有所松动。所谓城乡协调发展，并不是使农业和工业这两个不同的产业态同质化，也不是使农村和城市两个不同的景观趋同化，而是通过调整目前不合理的法律法规和相关政策，使城乡获得平等的生存与发展权利，藉此消灭传统城乡差别，特别是城乡基本公共服务和城乡居民收入之间的巨大差距，建立城乡发展一体化、基本公共服务均等化、资源产品市场化、政治生活民主化的新模式。

统筹城乡经济社会发展，是一场广泛而深刻的变革。为此，十八届五中全会《建议》指出，“十三五”时期，要坚持工业反哺农业、城市支持农村，健全城乡发展一体化体制机制，推进城乡要素平等交换、合理配置和基本公共服务均等化。

发展特色县域经济，加快培育中小城市和特色小城镇，促进农产品精深加工和农村服务业发展，拓展农民增收渠道，完善农民收入增长支持政策体系,增强农村发展内生动力。

推进以人为核心的新型城镇化。提高城市规划、建设、管理水平。深化户籍制度改革,促进有能力在城镇稳定就业和生活的农业转移人口举家进城落户,并与城镇居民有同等权利和义务。实施居住证制度,努力实现基本公共服务常住人口全覆盖。健全财政转移支付同农业转移人口市民化挂钩机制,建立城镇建设用地增加规模同吸纳农业转移人口落户数量挂钩机制。维护进城落户农民土地承包权、宅基地使用权、集体收益分配权,支持引导其依法自愿有偿转让上述权益。深化住房制度改革。加大城镇棚户区和城乡危房改造力度。

促进城乡公共资源均衡配置,健全农村基础设施投入长效机制,把社会事业发展重点放在农村和接纳农业转移人口较多的城镇,推动城镇公共服务向农村延伸。提高社会主义新农村建设水平,开展农村人居环境整治行动,加大传统村落民居和历史文化名村名镇保护力度,建设美丽宜居乡村。

57."十三五"时期,为何要推动物质文明和精神文明协调发展?

文明是"人类开化状态和社会进步的标志",是"人类在社会历史发展过程中所创造的各种积极成果和财富"的总和。自人类进入文明时代以来的任何社会都是由经济、政治和思想文化所构成的统一体。因此作为衡量其进步状态的社会文明包括物质文明和精神文明。将两者紧密联系在一起才能推动人类社会的全面发展。

习近平总书记指出:"人类生活需求有两个方面,即物质生活需要和精神生活需要。人类为自身的生活需要从两个方面开展认识世界和改造世界的活动,即物质生产活动和精神生产活动。因此,追求物质文明和精神文明是社会进步的内在驱动力。"

关于如何推动物质文明和精神文明协调发展。十八届五中全会《建议》指出,要坚持"两手抓、两手都要硬",坚持社会主义先进文化前进方向，坚持以人民为中心的工作导向，坚持把社会效益放在首位、社会效益和经济效益相统一，坚定文化自信，增强文化自觉，加快文化改革发展，加强社会主义精神文明建设，建设社会主义文化强国。

坚持用邓小平理论、"三个代表"重要思想、科学发展观和习近平总书记系列重要讲话精神武装全党、教育人民，用中国梦和社会主义核心价值观凝聚共识、汇聚力量。深化马克思主义理论研究和建设工程，加强思想道德建设和社会诚信建设，增强国家意识、法治意识、社会责任意识，倡导科学精神，弘扬中华传统美德，注重通过法律和政策向社会传导正确价值取向。

扶持优秀文化产品创作生产，加强文化人才培养，繁荣发展文学艺术、新闻出版、广播影视事业。实施哲学社会科学创新工程，建设中国特色新型智库。构建中华优秀传统文化传承体系，加强文化遗产保护，振兴传统工艺，实施中华典籍整理工程。加强和改进基层宣传思想文化工作，深化各类群众性精神文明创建活动。

深化文化体制改革，实施重大文化工程，完善公共文化服务体系、文化产业体系、文化市场体系。推动基本公共文化服务标准化、均等化发展，引导文化资源向城乡基层倾斜，创新公共文化服务方式，保障人民基本文化权益。推动文化产业结构优化升级，发展骨干文化企业和创意文化产业，培育新型文化业态，扩大和引导文化消费。普及科学知识。倡导全民阅读。发展体育事业，推广全民健身，增强人民体质。做好 2022 年北京冬季奥运会筹办工作。

牢牢把握正确舆论导向，健全社会舆情引导机制，传播正能量。加强网上思想文化阵地建设，实施网络内容建设工程，发展积极向上的网络文化，净化网络环境。推动传统媒体和新兴媒体融合发展，加快媒体数字化建设，打造一批新型主流媒体。优化媒体结构，规范传播秩序。加强国际传播能力建设，创新对外传播、文化交流、文化贸易方式，推动中华文化走出去。

58."十三五"时期,怎样做到经济建设和国防建设融合发展?

习近平总书记指出,要深入实施军民融合战略,努力开创强军兴军的新局面,并作出重要论述:"把军民融合发展上升为国家战略,是我们长期探索经济建设和国防建设协调发展规律的重大成果,是从国家安全和发展战略全局出发作出的重大决策。"把军民融合深度发展的结构构建起来,是做好军民融合这篇大文章的首要前提。为此,十八届五中全会《建议》指出,推动经济建设和国防建设融合发展,要坚持发展和安全兼顾、富国和强军统一,实施军民融合发展战略,形成全要素、多领域、高效益的军民深度融合发展格局。

同全面建成小康社会进程相一致,全面推进国防和军队建设。以党在新形势下的强军目标为引领,贯彻新形势下军事战略方针,加强军队党的建设和思想政治建设,加强各方向各领域军事斗争准备,加强新型作战力量建设,加快推进国防和军队改革,深入推进依法治军、从严治军。到2020年,基本完成国防和军队改革目标任务,基本实现机械化,信息化取得重大进展,构建能够打赢信息化战争、有效履行使命任务的中国特色现代军事力量体系。

健全军民融合发展的组织管理体系、工作运行体系、政策制度体系。建立国家和各省(自治区、直辖市)军民融合领导机构。制定统筹经济建设和国防建设专项规划。深化国防科技工业体制改革,建立国防科技协同创新机制。推进军民融合发展立法。在海洋、太空、网络空间等领域推出一批重大项目和举措,打造一批军民融合创新示范区,增强先进技术、产业产品、基础设施等军民共用的协调性。

加强全民国防教育和后备力量建设。加强现代化武装警察部队建设。密切军政军民团结。党政军警民合力强边固防。各级党委和政府要积极支持国防建设和军队改革,人民解放军和武警部队要积极支援经济社会建设。

第五章　坚持绿色发展，着力改善生态环境

党的十八届五中全会《建议》提出，坚持绿色富国、绿色惠民，为人民提供更多优质生态产品，推动形成绿色发展方式和生活方式，协同推进人民富裕、国家富强、中国美丽。坚持绿色发展，必须坚持节约资源和保护环境的基本国策，坚持可持续发展，坚定走生产发展、生活富裕、生态良好的文明发展道路，加快建设资源节约型、环境友好型社会，形成人与自然和谐发展现代化建设新格局，推进美丽中国建设，为全球生态安全作出新贡献。"十三五"时期，推进绿色发展有着重要的意义，对我国原有经济系统进行绿色改造，以此来重塑经济结构，改变发展方式，使中国经济最终走上可持续发展的健康轨道。

59. 我国实施绿色发展的重大意义是什么？

党的十八大以来，习近平总书记关于建设生态文明、维护生态安全的讲话、论述、批示超过60次，足见其对绿色发展的重视。他担任十八报告起草组组长时，曾在报告中指出：要"坚持节约资源和保护环境的基本国策，坚持节约优先、保护优先、自然恢复为主的方针，着力推进绿色发展、循环发展、低碳发展"。

(1)绿色发展是坚持人民主体地位的具体体现。"坚持人民主体地位"，是五中全会强调的如期实现全面建成小康社会奋斗目标，推动经济社会持续健康发展，必须遵循的原则。习近平总书记在海南考察时指出："良好生态环境是最公平的公共产品，是最普惠的民生福祉。"生态环境保护是功在当代、利在千秋的事业。要清醒认识保护生态环境、治理环境污染的紧迫性和艰巨性，清醒认识加强生态文明建设的重要性和必要性，以对人民群众、对子孙后代高度负责的态度和责任，为人

民创造良好生产生活环境。

(2)绿色发展是实施可持续发展战略的具体行动。习近平总书记指出:"生态环境是经济社会发展的基础。发展,应当是经济社会整体上的全面发展,空间上的协调发展,时间上的持续发展。"因为,经济发展、GDP数字的加大,不是我们追求的全部,我们还要注重社会进步、文明兴盛的指标,特别是人文指标、资源指标、环境指标;我们不仅要为今天的发展努力,更要对明天的发展负责,为今后的发展提供良好的基础和可以永续利用的资源和环境。

(3)绿色发展是增强综合实力和国际竞争力的必由之路。生态环境已成为一个国家和地区综合竞争力的重要组成部分。习近平总书记强调:"中国将继续承担应尽的国际义务,同世界各国深入开展生态文明领域的交流合作,推动成果分享,携手共建生态良好的地球美好家园。"

(4)绿色发展是实现全面建成小康社会目标的重要途径。"生态环境质量总体改善",是十八届五中全会提出的全面建成小康社会新的目标要求的重要内容。我们已进入新的发展阶段,现在的发展不仅仅是为了解决温饱,而是为了加快全面建成小康社会、提前基本实现现代化;不能光追求速度,而应该追求速度、质量、效益的统一;不能盲目发展,污染环境,给后人留下沉重负担,而要按照统筹人与自然和谐发展的要求,做好人口、资源、环境工作。

60. 生态与人类文明之间有着怎样的关系?"十三五"时期应如何促进人与自然和谐共生?

绿色是大自然的特征颜色,是生机活力和生命健康的体现,是稳定安宁和平的心理象征,是社会文明的现代标志。绿色蕴涵着经济与生态的良性循环,意味着人与自然的和谐平衡,寄予着人类未来的美好愿景。党的十八届五中全会提出,要"促进人与自然和谐共生,构建科学合理的城市化格局"。牢牢把握人与自然之间的关系,深刻揭示了生态文明是人类社会文明发展新的前进方向。人与自然关系是人类生存与发展的最基本关系之一，是自然界内在关系的最高体现。习近平总书记指出，“人类经历了原始文明、农业文明、工业文明，生态文明是工业文明发展到一定阶段的产物，是实现人与自然和谐发展的新要求”，“生态兴则文明兴，生态衰则文明衰”。这些重要论述，科学回答了生态与人类文明之间的关系，准确把握了生态文明在人类文明形态中的历史方位。生态是自然界的存在状态，文明是人类社会的进步状态，生态文明则是人类文明中反映人类进步与自然存在和谐程度的状态。人类的生存与发展依赖于自然，同时，文明的进步也影响着自然的结构、功能与演化。人类社会文明更替发展过程，其实质是人与自然关系的肯定、否定、否定之否定的辩证发展过程。近 300 年来，人类在工业化中利用自然、改造自然的能力空前增强，创造了前所未有的巨大物质财富，但也付出了沉重的资源环境代价。可以说，生态文明是人类社会文明螺旋上升发展过程中的一个阶段，是在对工业文明带来严重生态安全问题进行深刻反思基础上逐步形成和正在积极推动的一种文明形态。因此，将生态文明提升到人类社会发展的一个特定时代的高度，反映了我们党对人类文明发展规律的理性审视和高度自觉，是新时期新阶段我们党关于生态文明建设的理论创新和实践深化。

党的十八届五中全会《建议》对“十三五”时期我国该如何促进人与自然和谐共生，提出了以下要求：

一是有度有序利用自然，调整优化空间结构，划定农业空间和生态空间保护红线，构建科学合理的城市化格局、农业发展格局、生态安全格局、自然岸线格局。设立统一规范的国家生态文明试验区。

二是根据资源环境承载力调节城市规模，依托山水地貌优化城市形态和功能，实行绿色规划、设计、施工标准。

三是支持绿色清洁生产，推进传统制造业绿色改造，推动建立绿色低碳循环发展产业体系，鼓励企业工艺技术装备更新改造。发展绿色金融，设立绿色发展基金。

四是加强资源环境国情和生态价值观教育，培养公民环境意识，推动全社会形成绿色消费自觉。

61. 什么是主体功能区规划？"十三五"时期该怎样加快主体功能区建设？

主体功能区规划是我国第一次颁布实施的中长期国土开发总体规划，立足于构筑我国长远的、可持续的发展蓝图。涉及国家影响力和控制力的提升、人口和产业未来的集聚、生态和粮食安全格局的保障。主体功能区已经提升到国家战略的高度。从国家"十一五"规划提出"将国土空间划分为优化开发、重点开发、限制开发和禁止开发四类主体功能区，按照主体功能定位调整完善区域政策和绩效评价，规范空间开发秩序，形成合理的空间开发结构"，到党的十七大提出了建立主体功能区布局的战略构想，首次把这个概念写入了党代会的政治报告，到国家"十二五"规划明确提出"实施主体功能区战略"。2011 年 6 月初，《全国主体功能区规划》正式发布。主体功能区从 2005 年的概念到 2010 年出台的"十二五规划建议"与 2011 年批准的"十二五规划纲要"之中的国家战略，成为"战略性、基础性、约束性的规划"，成为"国民经济和社会发展总体规划、人口规划、区域规划、城市规划、土地利用规划、环境保护规划、生态建设规划、流域综合规划、水资源综合规划、海洋功能区划、海域使用规划、粮食生产规划、交通规划、防灾减灾规划等在空间开发和布局的基本依据"，成为中国区域发展的总体战略，成为区域开发和地区发展的新的思维。

主体功能区建设这种新的区域发展思维，透露出许多新的发展理念。主体功能区战略为中国区域经济发展描述了一个崭新的美好愿景，如何实施主体功能区规划依然是个难题，甚至是个长期的过程。党的十八届五中全会通过的《中共中央关于制定国民经济和社会发展第十三个五年规划的建议》则从四方面对我国在今后一个时期该怎样加快主体功能区建设进行部署。

(1)发挥主体功能区作为国土空间开发保护基础制度的作用，落实主体功能区规划，完善政策，发布全国主体功能区规划图和农产品主产区、重点生态功能区目录，推动各地区依据主体功能定位发展。以主体功能区规划为基础统筹各类空间性规划，推进“多规合一”。

(2)推动京津冀、长三角、珠三角等优化开发区域产业结构向高端高效发展，防治“城市病”，逐年减少建设用地增量。推动重点开发区域提高产业和人口集聚度。重点生态功能区实行产业准入负面清单。加大对农产品主产区和重点生态功能区的转移支付力度，强化激励性补偿，建立横向和流域生态补偿机制。整合设立一批国家公园。

(3)维护生物多样性，实施濒危野生动植物抢救性保护工程，建设救护繁育中心和基因库。强化野生动植物进出口管理，严防外来有害物种入侵。严厉打击象牙等野生动植物制品非法交易。

(4)以市县级行政区为单元，建立由空间规划、用途管制、领导干部自然资源资产离任审计、差异化绩效考核等构成的空间治理体系。

62.“十三五”时期怎样发挥主体功能区的国土空间开发保护基础制度的作用？

主体功能区制度在优化国土空间开发格局中发挥着重要作用。“十三五”时期，应建立国土空间开发保护制度，严格按照主体功能区定位推动区域经济发展。

(1)空间集中布局，集约高效开发。人口、产业、资源等要素的空间集中布局，必然会导致国土开发的空间差异问题，但是，一般情况下经济发展格局与社会和谐发展并没有实质性的矛盾。由于集聚发展目前在世界大部分地区仍是普遍存在的经济发展现象，并且被证明仍然具有一定的正面经济效应。30多年来，随着我国经济快速发展和城镇化进程的加快，经济活动和人口分布的区域集中十分突出，经济均衡发展一直是我们追求的目标，但是集聚经济仍将是现阶段我国必然要经历的过程，因此应当进一步发挥经济相对集中布局的优势，获取国民经济发展的宏观效益。同时，也应该制定合理有效的政策，实现在生产集中布局的过程中促进全国各区域之间的公共服务均等化，实现不同地区人民生活水平和公共服务水平均等化，最后实现经济的均衡发展。

经济的空间集中布局不是单单地向东部沿海地区集中，而是在东部与中西部地区区位条件较好的城市群或交通走廊集中布局，带动周边地区的经济增长，逐步实现经济均衡发展。我国目前正处在城镇化、工业化进程快速推进的重要阶段，国土开发空间结构发生的巨大变化，其影响是全局性的。因此，制度性的保证是优化空间结构的需要。

(2)分类指导，不同类型区域对应不同的开发布局模式。我国国土面积大，区域发展条件复杂。在自然环境本底、经济发展基础和社会文化底蕴存在较大差异的情况下，不同地区具有不同的发展条件和基础，因此应当在保护自然环境，提高自然环境承载力的前提下，因地制宜，采用分类指导的原则，对于不同的类型区域实施不同的国土开发模式。主体功能区将全国划分为优化开发区、重点开发区、限制开发区和禁止开发区四种类型区域，但是在省域层面下，省级主体功能区划和市县主体功能区划在遵循全国主体功能区划的基础上应当根据自身发展的基础和条件，采取分类指导的原则，实施不同的开发布局模式。经济发达地区应当优化人口和产业的空间布局，采用网络开发模式；经济欠发达地区则应当以保护生态环境为重，采用点轴或极点开发模式，减少人类活动对自然环境的破坏和影响。

在经济欠发达和城镇化较落后的中西部地区，选择区位条件较好，辐射半径较大的城市作为区域性的中心城市，加快该类城市的经济发展，辐射带动周围地区的发展，使其成为该地区的经济增长极。通过在中西部地区培育经济增长极，引导人口和产业在该类地区集聚，促进国土开发的有序深入推进。

(3)严格控制过度开发，保障国家粮食安全、能源安全和生态安全。我国人口规模大，生态环境脆弱，矿产资源短缺，在快速城镇化和工业化过程中，我国粮食安全、能源安全和生态安全面临着前所未有的严峻考验。从国家安全和可持续发展的战略出发，必须加强粮食生产基地、能矿资源基地和生态保护区的控制。明确耕地资源、能矿资源和生态屏障的空间范围。保护基本农田，严格把控耕地基本红线，保证耕地资源面积不能减少，质量不能降低。建立战略性资源储备体系，建立一批能矿资源战略储备基地，实施有序有节的开发模式。对于我国重要的生态环境屏障地带，建立生态保护区，保护生态系统和生物多样性，为我国的生态安全提供保障。对以上地区应当实施补偿机制，加大财政转移支付力度，健全公共服务体系，并逐步将该类地区人口转移至区域中心城市，从而保护国家安全。在保证国家粮食安全和生态安全的前提下，在有限的发展空间中同时满足生活、生产等人类活动对国土空间的巨大需求的背景下，土地资源约束将越来越凸显，因此集约发展，高效利用土地资源，实现国土开发的可持续发展。综上，通过集中发展和集约开发，实现产业和人口集聚、国土精细高效利用，这将是优化国土空间格局的重要手段。

总之，主体功能区战略是常态的、限制性的战略，实施的重点是保护国土；随着发展理念和发展水平的转变，越来越复杂的发展问题也将逐步显现，区域主体功能的空间管制也应具有弹性机制以及区域协作管控机制，这一切都需要有制度保证。

63.“十三五”时期，为什么要推动低碳循环发展？推动的方法有哪些？

“美丽中国”必然是一个天蓝水清的中国，而不是一个迷雾重重，污水横流的中国。最近30多年，中国经济高速发展，在“效率优先”的发展战略指引下，工业化和城市化迅猛推进，各类资源富集在若干地区，主要是大型和特大型城市中。物流、资金流和信息流的集中，造成空前的人流向局部地区集中。经济活动增强之后，财富高度集聚，生活方式的变迁带来资源和能源的巨量消耗，各类废弃物包括废气的排放跟着水涨船高。正是在这种粗放型的发展模式下，各地政府片面强调GDP的增长，却忽视了我们赖以生存生态环境的保护，才造成了现在日益严重的环境污染。转变发展思路，更新发展模式已经成为了我国经济发展的现实要求，各地要树立生态保护第一，在绿色、低碳和循环的道路上推动更高水平发展的思路，必将成为我国未来经济发展的必经之路。2015年中央经济工作会议强调，要准确把握经济发展新常态，中国环境承载能力已达到或接近上限，必须推动形成绿色低碳循环发展新方式。

十八届五中全会《建议》对“十三五”时期如何推动低碳循环发展提出了以下要求：

（1）推进能源革命，加快能源技术创新，建设清洁低碳、安全高效的现代能源体系。提高非化石能源比重，推动煤炭等化石能源清洁高效利用。加快发展风能、太阳能、生物质能、水能、地热能，安全高效发展核电。加强储能和智能电网建设，发展分布式能源，推行节能低碳电力调度。有序开放开采权，积极开发天然气、煤层气、页岩气。改革能源体制，形成有效竞争的市场机制。

（2）推进交通运输低碳发展，实行公共交通优先，加强轨道交通建设，鼓励自行车等绿色出行。实施新能源汽车推广计划，提高电动车产业化水平。提高建筑节能标准，推广绿色建筑和建材。

（3）主动控制碳排放，加强高能耗行业能耗管控，有效控制电力、钢铁、建材、化工等重点行业碳排放，支持优化开发区域率先实现碳排放峰值目标，实施近零碳排放区示范工程。

（4）实施循环发展引领计划，推行企业循环式生产、产业循环式组合、园区循环式改造，减少单位产出物质消耗。加强生活垃圾分类回收和再生资源回收的衔接，推进生产系统和生活系统循环链接。

64.“十三五”时期，如何做到全面节约和高效利用资源？

自然生态环境是人类生产生活的物质基础，为经济社会发展提供资源和能源等最基本条件。“天育物有时，地生财有限，而人之欲无极”，是发展始终面临的矛盾。全面小康，代表更高质量和水平的生活，也意味着对资源能源需求和生态环境质量的更高要求。党的十八届五中全会提出的绿色发展理念，立足平衡发展需求和资源环境有限供给之间的矛盾，着力解决当前生态环境保护的突出问题，把绿色发展作为“十三五”乃至今后更长时期必须坚持的重要发展理念，充分体现了党中央对中国特色社会主义事业五位一体总布局的深刻把握，体现了我们党对人民福祉、民族未来的责任担当，对人类文明发展进步的深邃思考，必将为如期全面建成小康社会，推进美丽中国建设以及为全球生态安全作出新贡献提供科学理念指导和有力政策支撑。

十八届五中全会《建议》对我国在“十三五”时期该如何做到全面节约和高效利用资源，提出了以下要求：

(1)坚持节约优先，树立节约集约循环利用的资源观。

(2)强化约束性指标管理，实行能源和水资源消耗、建设用地等总量和强度双控行动。实施全民节能行动计划，提高节能、节水、节地、节材、节矿标准，开展能效、水效领跑者引领行动。

(3)实行最严格的水资源管理制度，以水定产、以水定城，建设节水型社会。合理制定水价，编制节水规划，实施雨洪资源利用、再生水利用、海水淡化工程，建设国家地下水监测系统，开展地下水超采区综合治理。坚持最严格的节约用地制度，调整建设用地结构，降低工业用地比例，推进城镇低效用地再开发和工矿废弃地复垦，严格控制农村集体建设用地规模。探索实行耕地轮作休耕制度试点。

(4)建立健全用能权、用水权、排污权、碳排放权初始分配制度，创新有偿使用、预算管理、投融资机制，培育和发展交易市场。推行合同能源管理和合同节水管理。

(5)倡导合理消费，力戒奢侈浪费，制止奢靡之风。在生产、流通、仓储、消费各环节落实全面节约。管住公款消费，深入开展反过度包装、反食品浪费、反过度消费行动，推动形成勤俭节约的社会风尚。

65.“十三五”阶段该怎样加大环境治理力度？

当前，我国虽然还存在保经济增长的任务，但为了保证经济的长期增长动力,我们不能因此而放松对环境污染的治理要求,反而更要严格履行环保要求,加大环境污染的治理力度。尽管我国环保工作已取得了积极成效,但环境污染总体尚未得到有效遏制,环境监管能力依然滞后,形势依然相当严峻。对此,十八届五中全会《建议》对我国在"十三五"阶段该怎样加大环境治理力度,提出了以下要求:

(1)以提高环境质量为核心,实行最严格的环境保护制度,形成政府、企业、公众共治的环境治理体系。

(2)推进多污染物综合防治和环境治理,实行联防联控和流域共治,深入实施大气、水、土壤污染防治行动计划。实施工业污染源全面达标排放计划,实现城镇生活污水垃圾处理设施全覆盖和稳定运行。扩大污染物总量控制范围,将细颗粒物等环境质量指标列入约束性指标。坚持城乡环境治理并重,加大农业面源污染防治力度,统筹农村饮水安全、改水改厕、垃圾处理,推进种养业废弃物资源化利用、无害化处置。

(3)改革环境治理基础制度,建立覆盖所有固定污染源的企业排放许可制,实行省以下环保机构监测监察执法垂直管理制度。建立全国统一的实时在线环境监控系统。健全环境信息公布制度。探索建立跨地区环保机构。开展环保督察巡视,严格环保执法。

66. 什么是生态安全屏障?"十三五"时期筑牢生态安全屏障的方法有哪些?

2011 年 1 月召开的全国林业厅局长会议指出,为有效维护国家生态安全和促进经济社会可持续发展奠定坚实的生态基础,我国将加快构建十大国土生态安全屏障。力争到 2015 年,我国森林覆盖率达到 21.66%,森林蓄积量达到 143 亿立方米,林地保有量达到 3.09 亿公顷,森林植被总碳储量达到 84 亿吨。这十大国土生态安全屏障包括:东北森林屏障、北方防风固沙屏障、东部沿海防护林屏障、西部高原生态屏障、长江流域生态屏障、黄河流域生态屏障、珠江流域生态屏障、中小河流及库区生态屏障、平原农区生态屏障和城市森林生态屏障。

十大国土生态安全屏障建设范围覆盖全国主要的生态重点地区和生态脆弱地区，建设内容包括森林、湿地、荒漠、城市等主要生态系统，构成了国家生态安全体系的基本框架。着力建设好这十大生态屏障，是全国生态建设的主要抓手和战略重点。实现到 2020 年森林面积比 2005 年增加 4000 万公顷、森林蓄积量增加 13 亿立方米的“双增”目标，是“十二五”时期转变林业发展方式的主要任务。而筑牢生态安全屏障，则是“十三五”时期的重要任务。对此，十八届五中全会《建议》从三方面阐述了“十三五”时期筑牢生态安全屏障的方法：

(1)坚持保护优先、自然恢复为主，实施山水林田湖生态保护和修复工程，构建生态廊道和生物多样性保护网络，全面提升森林、河湖、湿地、草原、海洋等自然生态系统稳定性和生态服务功能。

(2)开展大规模国土绿化行动，加强林业重点工程建设，完善天然林保护制度，全面停止天然林商业性采伐，增加森林面积和蓄积量。发挥国有林区林场在绿化国土中的带动作用。扩大退耕还林还草，加强草原保护。严禁移植天然大树进城。创新产权模式，引导各方面资金投入植树造林。

(3)加强水生态保护，系统整治江河流域，连通江河湖库水系，开展退耕还湿、退养还滩。推进荒漠化、石漠化、水土流失综合治理。强化江河源头和水源涵养区生态保护。开展蓝色海湾整治行动。加强地质灾害防治。

67.“十三五”时期为什么要继续坚持节约资源和保护环境的基本国策？

推进生态文明建设，解决资源约束趋紧、环境污染严重、生态系统退化的问题，必须采取一些硬措施，真抓实干才能见效。实行能源和水资源消耗、建设用地等总量和强度双控行动，就是一项硬措施。这就是说，既要控制总量，也要控制单位国内生产总值能源消耗、水资源消耗、建设用地的强度。这项工作做好了，既能节约能源和水土资源，从源头上减少污染物排放，也能倒逼经济发展方式转变，提高我国经济发展绿色水平。

“十一”规划首次把单位国内生产总值能源消耗强度作为约束性指标，“十二五”规划提出合理控制能源消费总量。现在看来，这样做既是必要的，也是有效的。根据当前资源环境面临的严峻形势，在继续实行能源消费总量和消耗强度双控的基础上，水资源和建设用地也要实施总量和强度双控，作为约束性指标，建立目标责任制，合理分解落实。要研究建立双控的市场化机制，建立预算管理制度、有偿使用和交易制度，更多用市场手段实现双控目标。

“十一五”规划首次把单位国内生产总值能源消耗强度作为约束性指标，“十二五”规划提出合理控制能源消费总量。现在看，这样做既是必要的，也是有效的。根据当前资源环境面临的严峻形势，在继续实行能源消费总量和消耗强度双控的基础上，水资源和建设用地也要实施总量和强度双控，作为约束性指标，建立目标责任制，合理分解落实。要研究建立双控的市场化机制，建立预算管理制度、有偿使用和交易制度，更多用市场手段实现双控目标。

坚持节约资源和保护环境的基本国策，关系人民福祉，关乎民族未来。推进生态文明建设，必须树立尊重自然、顺应自然、保护自然的生态文明理念，坚持节约优先、保护优先、自然恢复为主的方针，着力树立生态观念、完善生态制度、维护生态安全、优化生态环境，形成节约资源和保护环境的空间格局、产业结构、生产方式、生活方式。

要正确处理好经济发展同生态环境保护的关系，牢固树立保护生态环境就是保护生产力、改善生态环境就是发展生产力的理念，更加自觉地推动绿色发展、循环发展、低碳发展，决不以牺牲环境为代价去换取一时的经济增长。

节约资源是保护生态环境的根本之策。要大力节约集约利用资源，推动资源利用方式根本转变，加强全过程节约管理，大幅降低能源、水、土地消耗强度，大力发展循环经济，促进生产、流通、消费过程的减量化、再利用、资源化。

要实施重大生态修复工程，增强生态产品生产能力。良好生态环境是人和社会持续发展的根本基础。人民群众对环境问题高度关注。环境保护和治理要以解决损害群众健康突出环境问题为重点，坚持预防为主、综合治理，强化水、大气、土壤等污染防治，着力推进重点流域和区域水污染防治，着力推进重点行业和重点区域大气污染治理。

68. “十三五”时期进一步推进美丽中国建设的指导思想和基本原则是什么？

美丽中国建设是全面建成小康社会的必然要求。世界经济复苏的步履蹒跚，国内经济转型和产业升级的爬坡过坎，都引发起不少人“要不要坚持绿色发展”的疑惑。对此，习近平总书记曾说：“小康全面不全面，生态环境质量是关键”、“在生态环境保护上一定要算大账、算长远账、算整体账、算综合账，不能因小失大、顾此失彼、寅吃卯粮、急功近利”。从这个意义上说，坚持绿色发展既是关系人民福祉的重要工程，也是关乎民族未来的长远大计。只有坚定走生产发展、生活富裕、生态良好的文明发展道路，经济社会的可持续发展才有所依托，人民群众的健康生活才有所保障。“推进美丽中国建设，为全球生态安全作出新贡献。”作为举足轻重的大国，中国走一条怎样的发展道路，是关乎全人类福祉的大事。因此，“十三五”时期进一步推进美丽中国建设应坚持以下指导思想和基本原则。

(1)指导思想是：以邓小平理论、“三个代表”重要思想、科学发展观为指导，全面贯彻党的十八大和十八届二中、三中、四中、五中全会精神，深入贯彻习近平总书记系列重要讲话精神，认真落实“四个全面”战略布局，坚持以人为本、依法推进，坚持节约资源和保护环境的基本国策，把生态文明建设放在突出的战略位置，融入经济建设、政治建设、文化建设、社会建设各方面和全过程，协同推进新型工业化、信息化、城镇化、农业现代化和绿色化，以健全生态文明制度体系为重点，优化国土空间开发格局，全面促进资源节约利用，加大自然生态系统和环境保护力度，大力推进绿色发展、循环发展、低碳发展，弘扬生态文化，倡导绿色生活，加快建设美丽中国，使蓝天常在、青山常在、绿水常在，实现中华民族永续发展。

(2)基本原则是：坚持把节约优先、保护优先、自然恢复为主作为基本方针。在资源开发与节约中，把节约放在优先位置，以最少的资源消耗支撑经济社会持续发展；在环境保护与发展中，把保护放在优先位置，在发展中保护、在保护中发展；在生态建设与修复中，以自然恢复为主，与人工修复相结合。

一是坚持把绿色发展、循环发展、低碳发展作为基本途径。经济社会发展必须建立在资源得到高效循环利用、生态环境受到严格保护的基础上，与生态文明建设相协调，形成节约资源和保护环境的空间格局、产业结构、生产方式。

二是坚持把深化改革和创新驱动作为基本动力。充分发挥市场配置资源的决定性作用和更好发挥政府作用，不断深化制度改革和科技创新，建立系统完整的生态文明制度体系，强化科技创新引领作用，为生态文明建设注入强大动力。

三是坚持把培育生态文化作为重要支撑。将生态文明纳入社会主义核心价值体系，加强生态文化的宣传教育，倡导勤俭节约、绿色低碳、文明健康的生活方式和消费模式，提高全社会生态文明意识。

四是坚持把重点突破和整体推进作为工作方式。既立足当前，着力解决对经济社会可持续发展制约性强、群众反映强烈的突出问题，打好生态文明建设攻坚战；又着眼长远，加强顶层设计与鼓励基层探索相结合，持之以恒全面推进生态文明建设。

69.“十三五”时期如何更加深入地实施大气、水、土壤污染防治？

“十三五”时期，按照以人为本、防治结合、标本兼治、综合施策的原则，建立以保障人体健康为核心、以改善环境质量为目标、以防控环境风险为基线的环境管理体系，健全跨区域污染防治协调机制，加快解决人民群众反映强烈的大气、水、土壤污染等突出环境问题。继续落实大气污染防治行动计划，逐渐消除重污染天气，切实改善大气环境质量。实施水污染防治行动计划，严格饮用水源保护，全面推进涵养区、源头区等水源地环境整治，加强供水全过程管理，确保饮用水安全；加强重点流域、区域、近岸海域水污染防治和良好湖泊生态环境保护，控制和规范淡水养殖，严格入河（湖、海）排污管理；推进地下水污染防治。制定实施土壤污染防治行动计划，优先保护耕地土壤环境，强化工业污染场地治理，开展土壤污染治理与修复试点。加强农业面源污染防治，加大种养业特别是规模化畜禽养殖污染防治力度，科学施用化肥、农药，推广节能环保型炉灶，净化农产品产地和农村居民生活环境。加大城乡环境综合整治力度。推进重金属污染治理。开展矿山地质环境恢复和综合治理，推进尾矿安全、环保存放，妥善处理处置矿渣等大宗固体废物。建立健全化学品、持久性有机污染物、危险废物等环境风险防范与应急管理工作机制。切实加强核设施运行监管，确保核安全万无一失。

70. 如何理解在“十三五”期间实行最严的环保制度？

在“十三五”规划中，最高决策层面提出要实行最严格的环保制度，这是破解环保积弊的务实之策，更是建设生态文明与美丽中国的必然选择。

2015 年 7 月，国务院办公厅印发了《生态环境监测网络建设方案》，明确要求环保部适度上收国控点的生态环境监测事权，以更准确掌握全国生态环境质量状况。这意味着今后国控环境监测站由国家环保部直接管理，省控站的监测工作则上收到省或直辖市的环保部门负责。监测事权上收，将有助于较大程度地防止地方行政干预，保证监测数据的正确性和真实性。

监察执法垂直管理，意味着监察与督查“一篙子插到底”，上级环保执法主管直接对下级监察行为进行督查，对排污企业进行直接检查，对排污行为实行“空降”式监察与查处。环保部直接到地方监察，省环保厅到下一级地市监察，加大约谈、追责的力度。垂直管理与属地管理并行不悖，以排除地方保护主义对环保执法的行政干预。最终形成一个企业主体责任、地方政府监管、上级部门监察相结合的环境保护监管监察新模式，既保障了环境执法的效果，又遏制了地方保护主义。

但是，最严环保制度的执行与预期效果并不完全依赖于环保监测执法监察的垂直管理。从宏观政策层面看，各地划定生态红线、实施“蓝天碧水”工程、啃治污“硬骨头”、执法者祭出“区域限批”、监察部门参与“挂牌督办”、环保部门与公检法联手对环境犯罪“重拳出击”，公布各省辖市空气质量排名等，可以说，“硬碰硬”的招数频频发力，向污染开战真刀真枪，走出“十面埋伏”，正向纵深处进发。这是令是欣慰的开局之举。

在“十三五”期间，面对更为复杂的环境问题，各级政府与环保部门不仅要有壮士断腕的坚定决心，要有背水一战的顽强勇气，更需要科学务实的制度支撑。必须改革党政官员考核评价体系，推行绿色 GDP 核算与考核，运用法律、行政、经济等多种手段全面推进生态文明建设，搬掉前进道路上的拦路虎与绊脚石，真正使生态文明成为发展的靓丽底色。

从细节层面看，要通过改革环境执法体制与机制，破解环境执法难的问题。在发达国家，环境监察巡逻任务一般由生态警察或环保警察承担。比如俄罗斯生态警察执法巡逻时佩带武器，配备精密仪器，具有较强的现场处置能力和执法权威性。在垂直管理的机构框架下，可建立一支垂直领导环保警察队伍，使查处和打击污染环境违法犯罪行为常态化、全覆盖，震慑非法排污者，从源头上护卫环境安全。

具体的说，垂直管理的环保警察建立巡逻轮值制，填补监管“真空期”，确保人员、设备、车辆配置的合理性与集约化配置；融合系统内优势资源，监测人员随队巡逻并即时采样分析，在最短的时间内出据监测结果，供监察人员作出现场处罚。更重要的是建立执法司法“直通车”联动机制。发现涉嫌刑事犯罪的严重非法排污行为以及被监管对象拒不配合检查的，立即通报公安机关，所在辖区警务人员在第一时间赶到现场，依法处置。

在新的历史发展时期，环保部门不能再既当运动员又当裁判员。而是既要种好自己的“责任田”，又要通过深化改革，吸引社会资本投入环保领域，积极推行环境污染第三方治理，由传统的治污方式改革为由企业购买专业公司治污服务。同时，在大气、水、土壤污染防治“三大战役”中，要问计于民，激励公众参与。环保部门必须强化信息公开、鼓励公众参与、支持公益诉讼。公众参与环保制度的全面实施，不仅是将环境公共利益损失降到最低的务实之策，更是与法律、行政、经济、技术手段并行不悖的预防之举。通过全社会的共同参与与监督守望，最严环保制度就能成为真正带电的“高压线”。

71.“十三五”时期该怎样进行保护优先、自然恢复为主的规划？

坚持保护优先、自然恢复为主的方针，是由目前我们面临的资源环境状况决定的。面对资源约束趋紧、环境污染严重、生态系统退化的严峻形势，坚持保护优先、自然恢复为主，就是要在环境上把保护放在首位，在生态上以自然恢复为主，这三个方面形成一个统一的有机整体，构成了我国生态文明建设的方向和重点。

保护优先，就是在环境上把保护放在首位，加大环境保护力度，坚持预防为主、综合治理，以解决损害群众健康突出环境问题为重点，强化水、大气、土壤等污染防治，减少污染物排放，防范环境风险，明显改善环境质量。

自然恢复为主，就是在生态上由人工建设为主转向自然恢复为主，加大生态保护和修复力度，保护和建设的重点由事后治理向事前保护转变、由人工建设为主向自然恢复为主转变，从源头上扭转生态恶化趋势。要实施重大生态修复工程，增加生态产品生产能力，巩固和扩大天然林保护、退耕还林还草、退牧还草等成果，推进荒漠化、石漠化、水土流失综合治理，保护好林草植被和河湖、湿地，对天然林地、天然草场、天然湿地实行严格的生态保护，扩大森林、湖泊、湿地面积，保护生物多样性。对重点生态破坏地区实行顺应自然规律的封育、围栏、退耕还草还林还水等措施，生态恢复以自然恢复为主、减少人工干预。

第六章　坚持开放发展，着力实现合作共赢

在经济全球化的大棋局中，中国与世界深度融合、命运与共。顺应开放大势，把握合作大局，既是我国实现更大发展的必然选择，也是迈向民族复兴的必由之路。党的十八届五中全会将“开放”列入五大发展理念，重申了“中国开放的大门永远不会关上”的坚定决心，勾勒出“对外开放的力度将会越来越大”的具体路径。党的十八届五中全会《建议》指出，开创对外开放新局面，必须丰富对外开放内涵，提高对外开放水平，协同推进战略互信、经贸合作、人文交流，努力形成深度融合的互利合作格局。坚持开放发展，必须顺应我国经济深度融入世界经济的趋势，奉行互利共赢的开放战略，发展更高层次的开放型经济，积极参与全球经济治理和公共产品供给，提高我国在全球经济治理中的制度性话语权，构建广泛的利益共同体。构建开放型经济新体制是一项长期任务，要兼顾近期和远期，注重法律和规则建设。既要加快涉外经济法制建设步伐，依法破除体制机制障碍，也要积极探索对外经济合作的新模式、新路径，促使我国深度融入世界经济体系。

72.“十三五”时期，我国该如何完善对外开放战略布局？

习近平总书记曾经说过：“不断扩大对外开放、提高对外开放水平，以开放促改革、促发展，是我国发展不断取得新成就的重要法宝。”十八届五中全会《建议》指出，开创对外开放新局面，必须丰富对外开放内涵，提高对外开放水平，协同推进战略互信、经贸合作、人文交流，努力形成深度融合的互利合作格局。

聚焦当下改革事业，我们既要正面攻坚，也须通过更大力度、更宽领域、更高水平的开放倒逼改革，在新常态下实现新突破；放眼国际格

局变迁，无论是中国与世界深度融合的客观现实，还是全球投资贸易规则体系的整合重构，都要求我们加快构建开放型经济新体制，在新一轮国际竞争中抢占先机，不断为国家发展注入新动力、拓展新空间。为此，十八届五中全会《建议》从四个方面阐述了我国在"十三五"时期该如何完善对外开放战略布局：

(1)推进双向开放，促进国内国际要素有序流动、资源高效配置、市场深度融合。

(2)完善对外开放区域布局，加强内陆沿边地区口岸和基础设施建设，开辟跨境多式联运交通走廊，发展外向型产业集群，形成各有侧重的对外开放基地。支持沿海地区全面参与全球经济合作和竞争，培育有全球影响力的先进制造基地和经济区。提高边境经济合作区、跨境经济合作区发展水平。

(3)加快对外贸易优化升级，从外贸大国迈向贸易强国。完善对外贸易布局，创新外贸发展模式，加强营销和售后服务网络建设，提高传统优势产品竞争力，巩固出口市场份额，推动外贸向优质优价、优进优出转变，壮大装备制造等新的出口主导产业。发展服务贸易。实行积极的进口政策，向全球扩大市场开放。

(4)完善投资布局，扩大开放领域，放宽准入限制，积极有效引进境外资金和先进技术。支持企业扩大对外投资，推动装备、技术、标准、服务走出去，深度融入全球产业链、价值链、物流链，建设一批大宗商品境外生产基地，培育一批跨国企业。积极搭建国际产能和装备制造合作金融服务平台。

73."十三五"时期，我国该怎样形成对外开放新体制？

随着全球化的推进，中国越来越深地融入世界经济，只有不断开放才能赢得经济发展和国际竞争的主动权。尤其是当前改革进入深水区，相当多的硬骨头要啃，光靠自身力量可能难以突破，用开放倒逼改革则是这些年屡试不爽的经验。当前，我国改革开放正站在新的起点上，面对新形势、新挑战、新任务，要统筹开放型经济顶层设计，加快构建开放型经济新体制。十八届五中全会《建议》从对未来5年我国经济发展形势的考量，提出了在“十三五”期间应该如何形成对外开放新体制，包括以下内容：

(1)完善法治化、国际化、便利化的营商环境，健全有利于合作共赢并同国际贸易投资规则相适应的体制机制。建立便利跨境电子商务等新型贸易方式的体制，健全服务贸易促进体系，全面实施单一窗口和通关一体化。提高自由贸易试验区建设质量，在更大范围推广复制。

(2)全面实行准入前国民待遇加负面清单管理制度，促进内外资企业一视同仁、公平竞争。完善境外投资管理，健全对外投资促进政策和服务体系。有序扩大服务业对外开放，扩大银行、保险、证券、养老等市场准入。

(3)扩大金融业双向开放。有序实现人民币资本项目可兑换，推动人民币加入特别提款权，成为可兑换、可自由使用货币。转变外汇管理和使用方式，从正面清单转变为负面清单。放宽境外投资汇兑限制，放宽企业和个人外汇管理要求，放宽跨国公司资金境外运作限制。加强国际收支监测，保持国际收支基本平衡。推进资本市场双向开放，改进并逐步取消境内外投资额度限制。

(4)推动同更多国家签署高标准双边投资协定、司法协助协定，争取同更多国家互免或简化签证手续。构建海外利益保护体系。完善反洗钱、反恐怖融资、反逃税监管措施，完善风险防范体制机制。

74.“十三五”时期，我国该如何更进一步推进“一带一路”建设？

“一带一路”是“丝绸之路经济带”和“21世纪海上丝绸之路”的简称，2013年9月和10月由中国国家主席习近平分别提出建设“新丝绸之路经济带”和“21世纪海上丝绸之路”的战略构想。“十三五”时期区域发展战略的重点是在“一带一路”战略或全方位对外开放的指导下，一方面进一步强化重点经济区的国际竞争力；另一方面促进贫困地区的发展，加快推动区域间协调和均衡发展，包含沿边地区的发展。

“一带一路”是“十三五”区域发展和对外开放的重要任务，十八届五中全会《建议》提出推进“一带一路”建设。这为推进我国同有关国家和地区多领域互利共赢的务实合作，推进国际产能和装备制造合作，打造陆海内外联动、东西双向开放的全面开放开启了新的格局。为此，《建议》从三方面阐述了我国在“十三五”时期该如何更进一步推进“一带一路”建设：

（1）秉持亲诚惠容，坚持共商共建共享原则，完善双边和多边合作机制，以企业为主体，实行市场化运作，推进同有关国家和地区多领域互利共赢的务实合作，打造陆海内外联动、东西双向开放的全面开放新格局。

（2）推进基础设施互联互通和国际大通道建设，共同建设国际经济合作走廊。加强能源资源合作，提高就地加工转化率。共建境外产业集聚区，推动建立当地产业体系，广泛开展教育、科技、文化、旅游、卫生、环保等领域合作，造福当地民众。

（3）加强同国际金融机构合作，参与亚洲基础设施投资银行、金砖国家新开发银行建设，发挥丝路基金作用，吸引国际资金共建开放多元共赢的金融合作平台。

75.“十三五”时期我国该如何深化内地和港澳、大陆和台湾地区合作发展？

“十三五”时期是全面建成小康社会的决胜阶段，港澳台地区在国家发展的这个战略机遇期也要抓住机遇，把自己的发展纳入到国家整体发展的规划当中。近年来，在各种经济指数排名中，深圳等内地城市已经接近香港，甚至某些具体指标已经超越了香港。为此外界出现了一些唱衰香港的声音。这次中央强调“提升香港在国家经济发展和对外开放中的地位和作用”，就是要向外界传递明确信号：不要唱衰香港的经济与未来，要提升港澳在国家经济发展和对外开放中的地位和功能，支持港澳发展经济、改善民生、推进民主、促进和谐。同时，中央还要求要促进台海两岸的经济发展，要以互利共赢方式深化两岸经济合作，让更多台湾普通民众、青少年和中小企业受益。

十八届五中全会《建议》从港澳台地区未来发展的实际出发，制定了如下措施以深化内地和港澳、大陆和台湾地区合作发展：

(1)全面准确贯彻“一国两制”、“港人治港”、“澳人治澳”、高度自治的方针，发挥港澳独特优势，提升港澳在国家经济发展和对外开放中的地位和功能，支持港澳发展经济、改善民生、推进民主、促进和谐。

(2)支持香港巩固国际金融、航运、贸易三大中心地位，参与国家双向开放、“一带一路”建设。支持香港强化全球离岸人民币业务枢纽地位，推动融资、商贸、物流、专业服务等向高端高增值方向发展。支持澳门建设世界旅游休闲中心、中国与葡语国家商贸合作服务平台，促进澳门经济适度多元可持续发展。

(3)加大内地对港澳开放力度，加快前海、南沙、横琴等粤港澳合作平台建设。加深内地同港澳在社会、民生、科技、文化、教育、环保等领域交流合作。深化泛珠三角等区域合作。

(4)坚持“九二共识”和一个中国原则，秉持“两岸一家亲”，以互利共赢方式深化两岸经济合作。推动两岸产业合作协调发展、金融业合作及贸易投资等双向开放合作。推进海峡西岸经济区建设，打造平潭等对台合作平台。扩大两岸人员往来，深化两岸农业、文化、教育、科技、社会等领域交流合作，增进两岸同胞福祉，让更多台湾普通民众、青少年和中小企业受益。

76.“十三五”时期我国该怎样积极参与全球经济治理？

习近平总书记曾经指出：“不管全球治理体系如何变革，我们都要积极参与，发挥建设性作用，推动国际秩序朝着更加公正合理的方向发展，为世界和平稳定提供制度保障。”随着全球经济格局调整和自身经济实力提升，中国更加主动地发出自己的声音，既是深化对外开放的内在要求,也是促进世界经济和谐发展的客观需要,有助于打破少数国家对全球经济法律规则的"垄断",使规则向更为合理均衡的方向发展。中国更加积极主动参与全球经济治理的完善,促进更为公平合理的国际经济政治秩序形成,既是实现中华民族伟大复兴"中国梦"的必然要求,也为推动全球经济发展、维护世界和平提供了重要保障,必然会赢得更多的国际理解和支持。为此,十八届五中全会《建议》从三方面阐述了我国在"十三五"时期该怎样积极参与全球经济治理:

(1)推动国际经济治理体系改革完善,积极引导全球经济议程,促进国际经济秩序朝着平等公正、合作共赢的方向发展。加强宏观经济政策国际协调,促进全球经济平衡、金融安全、经济稳定增长。积极参与网络、深海、极地、空天等新领域国际规则制定。

(2)推动多边贸易谈判进程,促进多边贸易体制均衡、共赢、包容发展,形成公正、合理、透明的国际经贸规则体系。支持发展中国家平等参与全球经济治理,促进国际货币体系和国际金融监管改革。

(3)加快实施自由贸易区战略,推进区域全面经济伙伴关系协定谈判,推进亚太自由贸易区建设,致力于形成面向全球的高标准自由贸易区网络。

77."十三五"时期我国积极参与全球经济治理的重要性是什么?

随着全球经济格局调整和自身经济实力提升,中国更加主动地发出自己的声音,既是深化对外开放的内在要求,也是促进世界经济和谐发展的客观需要,有助于打破少数国家对全球经济法律规则的"垄断",使规则向更为合理均衡的方向发展

改革开放以来,中国在国际经济事务中更多以接受既有规则为主。随着全球经济格局调整和自身经济实力提升,中国更加主动地发出自己的声音,既是深化对外开放的内在要求,也是促进世界经济和谐发展的客观需要,有助于打破少数国家对全球经济法律规则的"垄断",使规

则向更为合理均衡的方向发展。

自2001年加入WTO以来，中国主动履行世贸组织成员国义务，在减免关税、开放市场、完善法律方面做出了巨大努力。多哈回合谈判陷入僵局后，中国积极寻求区域合作法制的完善。中国牵头推动世界上最大的贸易协定之一的“区域全面经济伙伴关系”谈判，顺利结束了第四轮谈判。

在亚太经合组织（APEC）第二十二次领导人非正式会议上，在中国的努力推动下，决定启动亚太自由贸易区进程。会议批准亚太经合组织推动实现亚太自由贸易区路线图，标志着亚太自贸区进程正式启动，朝着实现亚太自贸区方向迈出了历史性一步。

中国政府提出的“一带一路”重要倡议，对促进全球经济增长具有重要意义。习近平总书记立足我国对外开放和区域发展新形势，放眼全球经济增长和发展，提出建设“一带一路”的重要倡议，得到国际社会的广泛响应和支持。后续的落实和建设，应以区域经济一体化为手段，以经贸合作为主要形式，以共同规则为主要保障。具体路径为贸易合作、能源合作、基础建设、文化交流和政治互信与合作，并通过各种完善的法律协定来实现。随着亚投行、丝路基金等措施的筹划和设置，未来充满期待。

如果说中国对全球贸易领域的影响，主要通过区域性协定实现，那么国际投资法领域则有望在中国的推动下，实现一个全球性的多边投资协定。中国是世界上拥有双边投资条约数量第二多的国家。中国正与美国和欧盟分别展开双边投资协定的谈判，这两个谈判必然会对国际投资法的发展方向产生重要影响。

中国是世界上最大的发展中国家，美国是世界上最大的发达国家，欧盟是世界上最大的经济体，相互之间的投资条约谈判，体现的不仅是发展中国家与发达国家相关经济利益的考虑，更是共同应对当前国际投资法所面临问题的正面回应。通过这两个协定的示范作用，将推动全球投资领域成功订立多边协定。中国更加积极主动参与全球经济治理的完善，促进更为公平合理的国际经济政治秩序，既是实现中华民族伟大复兴"中国梦"的必然要求，也为推动全球经济发展、维护世界和平提供了重要保障，必然会赢得更多的国际理解和支持。

78. 我国为什么要积极承担国际责任和义务?

中国从来都是一个负责任的大国，这一点国际社会有目共睹。随着经济体量的不断增大，中国也承担了越来越多的国际责任和义务。特别是在2008年国际金融危机爆发后，中国政府挺身而出，出台一系列刺激经济发展计划，在保证国内经济增速平稳的同时，为世界经济增长提供强劲动力，在应对国际金融危机中发挥了重要作用。当然，按照国际标准，中国还有1亿多人口生活在贫困线下。中国实现现代化还有漫长的、艰辛的路要走。因此，中国承担的国际责任和义务只能与自己的发展水平相适应。

世界经济复苏，更需要的是世界各国的共同参与和努力，各尽其责。对于中国来说，首要的任务是把自己的事情办好。这是因为中国有13亿人口，中国发展好了，就等于世界五分之一的人口民生问题解决好了，这也是对世界经济的最大贡献。对于世界各国来讲，进一步扩大相互开放，旗帜鲜明地反对各种形式的贸易保护主义，齐心协力做大世界经济这块大蛋糕，是应当承担的责任和义务。在"地球村"上，没有哪一个国家能变成离群索居的"鲁宾逊"，承担与自身发展水平相适应的国际责任和义务，也是对世界各国的共同要求。

中国要做一个负责任的国家，既是中国对国际社会的慎重承诺，也是国际社会特别是发展中国家的普遍期待。但是，如何界定自身的责任大小，怎样做才能既有益于自身的发展又能满足国际社会的期待?这就涉及中国履行国际责任时所应坚持的基本原则。

坚持量力而行的原则。中国作为一个发展中国家，其紧迫的任务仍在于解决国内亟待解决的经济和社会问题。思考和履行中国的国际责任，就需要坚持量力而行、量入为出的原则，基于发展中国家这一基本国情而不能超前承担超过自身经济承受能力的责任和义务。所以，在气候变化问题上，中国始终坚持“共同但有区别的责任原则”，在积极推行节能减排的同时，也要求发达国家承担更多的责任。在非洲和平与安全问题上，中国积极支持联合国和非盟所主导的维和行动，不断加大对非安全投入，但中国无意也没有足够的能力去全面介入非洲的内部冲突，像欧美大国那样去做非洲国家的“保护人”。即便是从军事的角度讲，现阶段中国军队也缺乏大规模的海外投送能力，在军事指挥、信息支持、后勤保障、国际交流等方面还缺乏在海外直接作战的经验。所以，在国际社会对中国责任的期待与中国履行责任的能力之间，还存在事实上的差距。

坚持权责平衡的原则。权责平衡的原则首先意在说明，中国承担了国际责任，也就应当享有相应的国际权益。改革开放以来，中国通过参与和塑造国际秩序，显著增进了自身国际权益并极大改善了与外部世界的关系，成为当前国际秩序的主要受益者之一，这是中国和平发展之所以取得巨大成就的重要因素，也是当前中国愿意承担更大责任的重要前提。不过，国内仍有不少学者担忧，美国等西方大国一直呼吁中国做“负责任的利益攸关方”，承担更大的国际责任，其实质只是希望中国进一步分担其全球治理成本，不愿意也不会让中国分享全球领导权。因此，中国在观念上务必清醒，中国所承担的国际责任，应当有助于提升自身在全球治理中的作用，增进在国际机制中的话语权和影响力。同时，通过与西方大国在全球治理中的相互合作，应明确要求美国、欧洲放松对中国的技术限制和垄断，尊重中国的核心利益及重大关切。

权责平衡原则还表明，一个国家在享有国际秩序所带来的经济机遇及和平红利的同时，也应根据自身实力而承担相应的国际责任，而不应只做国际社会的“搭便车者”。特别是对世界上的一些较大国家而言，它们就不仅仅只是关注自身利益，也应有心怀天下的大国精神，这是一个大国所必需的国际形象和声誉资产，是一个大国之所以赢得世界尊重的重要条件。所以，如何做到权与责的大致平衡，是中国在快速崛起进程中必须思考的重要外交课题。

坚持互利共赢的原则。互利共赢是当前中国外交的基本理念之一,也是中国履行国际责任所应坚持的基本原则。中国不断增加对发展中国家的发展援助和安全投入,是当前南南合作的重要形式,是新形势下发展中国家实现互助互利、共同发展的重要途径。比如,非洲政局动荡不仅危害着非洲人民的生命和财产安全,显著制约了非洲的经济社会发展,也对中国在非洲日益扩大的海外利益带来了直接威胁。因此,不断深化中非安全合作,在帮助非洲国家实现政治稳定的同时,也自然有助于维护并增进中国在非洲的海外利益,这也是一种互利、互助和双赢。

79."十三五"时期,我国该怎样积极承担国际责任和义务?

在全球化不断推进的今天,中国与其他发展中国家不仅只是利益共同体,也是安全共同体和责任共同体。因此,在维护自身海外利益的同时不断推动发展中国家及全人类共同福祉的增进,在积极参与全球事务的进程中更好地增进自身的话语权和影响力,是中国思考大国责任的重要维度。中国从来都是一个负责任的大国,这一点国际社会有目共睹。随着经济体量的不断增大,中国也承担了越来越多的国际责任和义务。特别是在2008年国际金融危机爆发后,中国政府挺身而出,出台一系列刺激经济发展计划,在保证国内经济增速平稳的同时,为世界经济增长提供强劲动力,在应对国际金融危机中发挥了重要作用。

"十三五"时期中国应更加彰显出自己的大国风范,积极参与国际事务,十八届五中全会《建议》对此提出了以下要求:

(1)坚持共同但有区别的责任原则、公平原则、各自能力原则,积极参与应对全球气候变化谈判,落实减排承诺。

(2)扩大对外援助规模,完善对外援助方式,为发展中国家提供更多免费的人力资源、发展规划、经济政策等方面咨询培训,扩大科技教育、医疗卫生、防灾减灾、环境治理、野生动植物保护、减贫等领域对外合作和援助，加大人道主义援助力度。主动参与 2030 年可持续发展议程。

(3)维护国际公共安全，反对一切形式的恐怖主义，积极支持并参与联合国维和行动，加强防扩散国际合作，参与管控热点敏感问题，共同维护国际通道安全。加强多边和双边协调，参与维护全球网络安全。推动国际反腐败合作。

80.“十三五”时期坚持开放发展，为什么必须要顺应我国经济深度融入世界经济的趋势？

“开放发展”这一发展理念的提出，标志着中国全球角色的一个重大转变。中国将从主要做好自己的事情转向以全球视野统筹国内国际两个大局，从全球化的积极接受方转变为全球化的主动塑造方。“十三五”时期，中国经济仍将保持中高速增长，这对全球经济发展意义重大；中国的全球角色将更加开放、更加积极、更具建设性、更负责任，将给世界发展创造巨大机遇。

(1)更加开放的中国，将为世界提供更多市场机会。“十三五”时期，中国将为世界提供巨大的“中国市场”，并成为世界最大的贸易发动机。中国已经是世界进出口贸易第一大国、进口贸易第二大国，2014 年进口总量占世界比重达到 10.3%，2010 年至 2014 年世界 14%的进口是由中国拉动的。“十三五”时期，中国将进一步提高对外开放水平，推进与世界其他国家的战略互信、经贸合作，形成深度融合的互利合作格局。“十三五”时期，中国将为全球提供巨大投资机遇。中国 2014 年外商直接投资流入为 1290 亿美元，已经是世界上最大的对外投资目的国。“十三五”时期，中国将完善法治化、国际化、便利化的营商环境，全面实行准入前国民待遇加负面清单管理制度，带头推进投资自由化和服务便利化。

(2)更加积极“走出去”的中国，将为世界发展注入新的动力。近年来，中国“走出去”步伐加快，2014 年对外投资达到 1000 多亿美元，对外承包工程合同金额接近2000亿美元。"十三五"时期,中国将推进双向开放,在继续"引进来"的同时鼓励中国企业、中国投资大幅度"走出去"。这将为世界的发展特别是发展中国家的发展,注入巨大动力。"十三五"时期,中国将加快推进"一带一路"建设,推进多领域互利共赢的务实合作,构建全方位、多层次、复合型的互联互通网络,推进国际产能和装备制造合作。这将拉动有关国家和地区的货物贸易、服务贸易、直接投资的增长,促进其经济发展水平提高。

(3)更具建设性的中国,将推动全球治理更加公正合理。"十三五"时期,中国将在继续融入全球经济秩序的同时,在推动全球治理向更公正合理方向发展上扮演更具建设性、更富进取性的角色。中国将更加积极主动参与全球经济事务治理,适时提出"中国方案",推动全球治理更好反映各国的诉求,推动形成更加依靠多边协商的治理规则,推动建设国际经济合作共赢的新机制与新规则。

(4)更负责任的中国,将为全球作出更多贡献。十八届五中全会明确提出,中国将积极承担国际责任和义务,积极参与应对全球气候变化谈判,主动参与2030年可持续发展议程。这标志着中国在应对全球气候变化中将扮演更具领导力、更加负责任的大国角色。"十三五"时期,中国将采取有力措施推进二氧化碳排放2030年左右达到峰值,并争取尽早达峰这一雄心勃勃自主减排承诺的进展。

"十三五"时期将继续证明,中国的和平崛起给世界发展注入的是正能量,一个更加强大的中国将为世界带来更多机遇,从而有力推动人类社会和平与发展的崇高事业。

81. 提高我国在全球经济治理中的制度性话语权的重要性是什么?

近年来,我国在地区和国际事务中提升话语权的努力取得明显成效,但也面临一些困难和挑战。当前和今后一个时期,应在参与全球治理中把握机遇,注重在构建新国际关系理论体系、共建"一带一路"等实践中提升我国国际话语权。

国际话语权以国家经济、政治、军事、科技实力为基础，以思想、文化、价值观为感召，以维护国际秩序、实现国家安全和发展利益为目标。放眼世界，强国无不注重国际话语权建构。我国正处在由大向强发展的重要阶段，在夯实"硬实力"的同时提升以国际话语权为代表的"软实力"，是消除国际社会对我国种种误解、歪曲甚至有意诋毁的关键。

首先，在构建新国际关系理论体系中提升国际话语权。我国作为全球治理机制的重要参与方，对地区和国际事务的发言权逐渐提升。可以说，世界越来越需要中国发出声音、提供智慧、拿出方案。这在客观上要求中国在构建新国际关系理论体系中不断提升国际话语权。党的十八大以来，我国创造性地提出构建互利共赢的新型国际关系。这既是对《联合国宪章》宗旨、原则的继承和弘扬，更是对传统国际关系理论的超越与创新。我国倡导建立亚洲命运共同体，提出构建"不冲突、不对抗，相互尊重，合作共赢"的中美新型大国关系，努力走出一条平等互信、包容互鉴、合作共赢的新路，强调坚持和积极践行正确的义利观，等等。我国从全球、区域、双边等不同角度，就变革国际体系、加强亚太区域合作、重塑大国关系和正确把握国家利益等重大议题进行论述，不仅有助于构建新国际关系理论体系，而且有助于提升自己的国际话语权。

其次，在实践创新中提升国际话语权。当前，我国参与全球治理、提升国际话语权还面临诸多困难和挑战。从内部看，我国综合国力与发达国家相比仍存在较大差距，特别是缺乏制定国际规则的经验，在全球治理中还没有构建起自己的话语体系。从外部看，西方发达国家已经建立一整套话语体系，其核心是主导国际规则的制定和运用，维护其在国际体系和全球治理中的领导地位。在这种形势下，我们必须在参与全球治理中把握机遇，在实践创新中提升国际话语权。例如，在建立金砖银行和应急储备安排中提升国际话语权，这是新兴市场国家参与全球金融治理的创新之举，不仅对金砖国家有利，而且将惠及所有发展中国家；在共建“一带一路”中提升国际话语权，努力使沿线各国建立起牢固的经济、安全、文化纽带，建成休戚与共的命运共同体；在建立亚投行中提升国际话语权，为亚欧各国长远发展源源不断地注入活力和动力。总之，在实践创新中提升我国国际话语权，不仅要讲好中国故事，而且要作出中国贡献；不仅要宣示中国理念，而且要拿出中国方案；不仅要以理服人，而且要以行感人。

82.“十三五”时期培育出有全球影响力的先进制造基地和经济区的重点区域有哪些？

十八大以来，面对国内国外发展状况，为深化改革开放，优化国土空间开发格局，中央先后提出丝绸之路经济带和21世纪海上丝绸之路（简称“一带一路”）、京津冀协同发展、长江经济带三大战略。这三个支撑带除了“一带一路”覆盖全国以外，京津冀协同发展、长江经济带都是以东部地区为核心，带动辐射区域发展。

此次十八届五中全会，对东部率先发展提出更明确的任务。其中提到“支持沿海地区全面参与全球经济合作和竞争，培育有全球影响力的先进制造基地和经济区”，这既是开放战略也是区域战略，这句话也是对“培育壮大若干重点经济区”的呼应。

沿海地区的长三角、珠三角、京津冀等地区是重点。此外，还有中原经济区、中三角、成渝经济区、长吉图先导区、关天经济区等一大批纳入国家战略的经济区、城市群等有培育的潜力。凡是具有或可以培育出国际门户城市的区域，都有可能成为重点经济区。对于当今中国而言，不能在全球经济体系中谋得一个位置的区域，也很难成为国家的重点经济区。

83.形成对外开放新体制，为什么要完善法治化、国际化、便利化的营商环境？

营商环境是指伴随企业活动整个过程（包括从开办、营运到结束的各环节）的各种周围境况和条件的总和。概括地说，包括影响企业活动的社会要素、经济要素、政治要素和法律要素等。是一个国家或地区有效开展国际交流与合作、参与国际竞争的重要依托，是一个国家或地区经济软实力的重要体现，是提高国际竞争力的重要方面。

制定法治化国际化营商环境计划是坚持社会主义市场经济改革方向，完善社会主义市场经济体制的重大决策；是加快转型升级的重要举措；是提升核心竞争力、增创科学发展新优势、实现可持续发展的重要行动。当前，我国正处于加快转型升级的关键时期，一方面，当今世界人才、资源、资金、技术、市场竞争日益激烈，营商环境的优劣决定了高端要素资源的流向与集聚，成为能否在全球经济技术竞争中获胜的关键因素；另一方面，随着我国全方位改革开放不断深入拓展，原有的许多先发优势正逐步丧失，改革步入深水区，转型升级到了爬坡越坎的关键阶段。要重塑我国的竞争优势，必须在推进产业、技术等方面硬转型的同时，更加重视软转型。营造法治化国际化营商环境就是推进软转型的核心内容。因此，制定和实施法治化国际化营商环境行动计划对“十三五”时期的经济社会发展具有重大而深远的意义。

84. 全面实行准入前国民待遇加负面清单管理制度的现阶段情况是什么？

准入前国民待遇加负面清单管理制度的全面实行，将通过两张负面清单得以实现。一张是即将于 2015 年 12 月 1 日起在部分地区试行的市场准入负面清单，一张是目前已经在上海、广东、天津、福建四个自贸区实行的外商投资负面清单。

“准入前国民待遇加负面清单”的管理制度，是国际投资规则发展的新趋势，目前国际上有 70 多个国家采用这一模式。具体来说，就是政府以清单的方式明确列出禁止和限制投资经营的行业、领域、业务，清单之外的，各类市场主体皆可依法平等进入。有数据显示，目前接受负面清单模式的国家 GDP 总量约占全球的 60%，对外直接投资占到全球的50%。金砖国家中的其他四国都已接受了负面清单制度。

这一管理模式开始进入中国人的视野，是2013年7月第五轮中美战略与经济对话中，中美双方同意以"准入前国民待遇加负面清单的管理模式"为基础进行实质性谈判。

2014年年底中美双方已经就协定文本的核心问题和主要条款达成一致。2015年6月8日至12日，第19轮中美投资协定谈判，双方首次交换了负面清单出价，并正式开启负面清单谈判。

2015年9月22日至25日，国家主席习近平应邀访美取得一系列重要成果。其中一项，就是中美两国领导人积极评价正在进行的中美投资协定(BIT)谈判业已取得的进展。两国领导人重申，达成一项高水平投资协定的谈判是两国之间最重要的经济事项。鉴于谈判取得的进展和双方于2015年9月改进了各自的负面清单出价，中美两国同意强力推进谈判，以达成一项互利共赢的高水平投资协定。

在推进国际谈判的同时，我国也在加快负面清单管理制度在国内的推进。根据《国务院关于实行市场准入负面清单制度的意见》，从2015年12月1日开始，到2017年12月31日，我国将在部分地区试行市场准入负面清单制度；从2018年起，正式实行全国统一的市场准入负面清单制度。

市场准入负面清单同时针对境内外投资者，负面清单上列出的是内外资都被禁止或限制的投资领域，体现的是内外资一致性的管理。这也正是"准入前国民待遇"的要求，即在准入环节，除经谈判保留的限制以外，外资和内资一视同仁。而外商投资负面清单，则是针对境外投资者，负面清单上列出的，是境外投资者在享受准入前国民待遇原则的同时，必须接受的例外管理措施。

85."十三五"时期为什么要有序扩大服务业对外开放？

中国的金融、电信、现代物流、商业、咨询及综合科技服务业等领域的对外开放将不断扩大。同时，中国具有实力的服务业企业也将积极开展对外投资，更好地实现与各国企业的优势互补、互利共赢。

在有序扩大开放的同时，中国还将加快推进服务领域改革，坚持市场化、产业化、社会化方向，深化民航、电信、邮政、城市公用事业、医疗卫生等行业改革，建立公开、平等、规范的服务业准入制度，健全全国统一开放、竞争有序的市场体系，不断优化服务业发展环境。

总体看，中国服务业发展仍相对滞后。低于世界平均水平，且结构不合理造成城乡发展差距明显，缺乏人才，经营方式较落后。服务业兴旺发达是现代经济的重要特征，发达国家服务业占 GDP 比重已达 70%。服务业目前已成为中国吸纳就业的主渠道。中国将不断优化服务业结构，重点发展生产性服务业，规范提升面向民生的服务业。交通运输、电信与信息服务、金融、医疗保健、文化旅游等领域具有广阔的发展前景。

86. “十三五”时期应该如何加快实施自由贸易区战略？

加快实施自由贸易区战略，是适应经济全球化新趋势的客观要求，是全面深化改革、构建开放型经济新体制的必然选择，也是我国积极运筹对外关系、实现对外战略目标的重要手段。我们要加快实施自由贸易区战略，发挥自由贸易区对贸易投资的促进作用，更好帮助我国企业开拓国际市场，为我国经济发展注入新动力、增添新活力、拓展新空间。加快实施自由贸易区战略，是我国积极参与国际经贸规则制定、争取全球经济治理制度性权力的重要平台，我们不能当旁观者、跟随者，而是要做参与者、引领者，善于通过自由贸易区建设增强我国国际竞争力，在国际规则制定中发出更多中国声音、注入更多中国元素，维护和拓展我国发展利益。

加快实施自由贸易区战略是一项复杂的系统工程。要加强顶层设计、谋划大棋局，既要谋子更要谋势，逐步构筑起立足周边、辐射“一带一路”、面向全球的自由贸易区网络，积极同“一带一路”沿线国家和地区商建自由贸易区，使我国与沿线国家合作更加紧密、往来更加便利、利益更加融合。要努力扩大数量、更要讲质量，大胆探索、与时俱进，积极扩大服务业开放，加快新议题谈判。要坚持底线思维、注重防风险，做好风险评估，努力排除风险因素，加强先行先试、科学求证，加快建立健全综合监管体系，提高监管能力，筑牢安全网。要继续练好内功、办好自己事，加快市场化改革，营造法治化营商环境，加快经济结构调整，推动产业优化升级，支持企业做大做强，提高国际竞争力和抗风险能力。

要建立公平开放透明的市场规则，提高我国服务业国际竞争力。要坚持引进来和走出去相结合，完善对外投资体制和政策，激发企业对外投资潜力，勇于并善于在全球范围内配置资源、开拓市场。要加快从贸易大国走向贸易强国，巩固外贸传统优势，培育竞争新优势，拓展外贸发展空间，积极扩大进口。要树立战略思维和全球视野，站在国内国际两个大局相互联系的高度，审视我国和世界的发展，把我国对外开放事业不断推向前进。

第七章　坚持共享发展，着力增进人民福祉

全面建成小康社会是“十三五”规划的最大要务，也是“十三五”时期必须完成的目标。而全面建成小康社会的题中之义就是保民生、促民生，将广大人民群众凝聚到追求幸福中国的目标上来。党的十八届五中全会《建议》提出，坚持共享发展，必须坚持发展为了人民、发展依靠人民、发展成果由人民共享，作出更有效的制度安排，使全体人民在共建共享发展中有更多获得感，增强发展动力，增进人民团结，朝着共同富裕方向稳步前进。《建议》还提出，按照人人参与、人人尽力、人人享有的要求，坚守底线、突出重点、完善制度、引导预期，注重机会公平，保障基本民生，实现全体人民共同迈入全面小康社会。这也正是党的十八大以来我国在学有所教、劳有所得、病有所医、老有所养、住有所居等方面不断攻坚克难，推进民生建设所坚持的原则与方向。

87.为什么说共享发展是“十三五”规划的重要出发点和落脚点？

党的十八届五中全会对“十三五”规划的出发点和落脚点给出了清晰的回答：发展是为了人民，发展依靠人民，发展成果由人民共享。发展要尊重民意，发展要依靠民力，发展要关注民生，不断提高群众在发展中的实实在在的收益，并且让这种收益为群众所知所感。具体说，就是要让发展的成果实实在在地提高就业数量和质量、满足和改善住房需求、发展教育事业、加强医疗保障。要让群众的腰包鼓起来，还要让群众的生活更有幸福感。坚持共享发展，不仅仅是一种政策要求，更需要建立一整套科学合理可持续的共享发展机制。要舍得在这些方面下本钱，集中解决与群众的高质量生活密切相关的难点问题。

共享发展和小康是高度相关的重要提法。十一届三中全会一个很

重要的理念就是先让一部分人富裕起来，现在是要实现先富带后富，实现共同富裕。在共富的基础上实现共享，通过共享来实现共富，这种发展观是非常重要的。在城镇化过程中，社会代价很高，现在全国有6000多万留守儿童，有几千万留守妇女和几千万留守老人，所以这次建议中提出来，城镇化过程中要关注"三留"人口，这是非常重要的。同时，在共享发展中重申居民的收入和经济增长要同步。过去30多年，GDP每增长1个百分点，百姓收入增长0.5个百分点，是不同步的。但是，从2015年开始，居民收入已经超过GDP增速，这是好迹象，"十三五"时期将努力继续保持这样的态势。

此外，十八届五中全会《建议》中提到，全面实施一对夫妇可生育两个孩子的政策，这是年轻人高度关注的问题。要让这项政策落地，重点是降低生育成本和抚育成本，同时，政府还要加大对学前教育的投入。

共享发展是"十三五"规划中的出发点、落脚点。它体现了"十三五"发展目标的重要特点，即全面小康不能有一个人掉队，是全民来共享的小康。要实现共享发展，除了脱贫之外，还有更广泛的就业、更充分的就业。提高劳动参与率，实际上也是实现共享发展的重要方面。把大众创业、万众创新打造的更好，真正把十几亿人的聪明才智调动起来，让大家都参与到建设美好未来的活动中。所以通过共享发展，既看到了发展最雄厚的动力来源，也看到了最终目标——就是要实现全体中国人民福利不断的提高，包括不同收入群体在不同水平上都有比较明显的生活水平改善和提高。所以共享发展既解释了发展的动力，也解释了发展的目的，这在"十三五"规划当中，是非常重要的亮点和着力点。

88. "十三五"时期我国政府应如何增强公共服务供给？

党的十八届三中全会明确提出"推广政府购买服务，凡属事务性管理服务，原则上都要引入竞争机制，通过合同、委托等方式向社会购买"，"加大政府购买公共服务力度"。基本公共服务均等化、公共服务供给种类多样化已成为政府完善和履行公共服务职能的主要目标，供给主体和机制多元则是实现这一目标的主要手段。改革开放以来，中国社会经济结构的快速变化，凸显出过去在公共服务的提供方面是存在一些问题的，具体地体现在政府之外的主体参与公共服务提供的力度、范围、广度都非常有限。如何推动公共服务供给体系多元化发展，实现基本公共服务均等化，保障和改善民生，促进社会公平正义成为当前全面改革的重要议题。

党的十八届五中全会《建议》对“十三五”时期如何增强公共服务供给提出以下几点措施：一是坚持普惠性、保基本、均等化、可持续方向，从解决人民最关心最直接最现实的利益问题入手，增强政府职责，提高公共服务共建能力和共享水平。二是加强义务教育、就业服务、社会保障、基本医疗和公共卫生、公共文化、环境保护等基本公共服务，努力实现全覆盖。加大对革命老区、民族地区、边疆地区、贫困地区的转移支付。加强对特定人群特殊困难的帮扶。三是创新公共服务提供方式，能由政府购买服务提供的，政府不再直接承办；能由政府和社会资本合作提供的，广泛吸引社会资本参与。加快社会事业改革。具体来讲，要从以下几个方面着手：

(1)从解决人民最关心最直接最现实的利益问题入手。公共服务供给蕴藏着公共产品与服务的巨大空间，增加这方面的供给属于政府分内的职责，是改善民生的必要举措，也是扩大内需的重要推手。增加公共服务供给，应从解决人民最关心最直接最现实的利益问题入手。增加包括中西部，铁路、水利工程，各类棚户区和城乡危房改造等重点投资领域；增加公共安全、消费安全(食品、药品等)、环境保护等；增加包括基础教育、基本医疗、养老、住房等保障水平提升等。

(2)加强基本公共服务，努力实现全覆盖。加强基本公共服务，努力实现全覆盖，归根结底就是要逐步落实城乡平等的公民权利，即不管是身在城市或农村，都要让居民劳有其位、病有所医、老有所养、学有所教、住有所居。加快推进供水、供气、污水处理、数字电视、公共交通城乡一体化建设。着力探索大中小学校、机关企事业单位体育设施向社会开放，探索实行免费教育向学前教育和高中教育两端延伸。实现全民共享经济发展成果、共享基本公共服务、共享平等发展机遇，实现全体人民共同迈入全面小康社会。

(3)加大对革命老区、民族地区、边疆地区、贫困地区的转移支付。当前我国经济面临发展模式的变迁，这为公共服务作为可持续发展驱动力提供了空间。"十三五"时期，地方各级政府要根据实际需要和相关标准，将基层综合性服务建设所需资金纳入财政预算。中央和省级财政统筹安排一般公共预算和政府性基金预算，通过转移支付对革命老区、民族地区、边疆地区、贫困地区基层综合性服务中心设备购置和提供基本公共服务所需资金予以补助，同时对绩效评价结果优良的地区予以奖励。发挥政府投入的带动作用，落实对社会力量参与公共服务的各项优惠政策，鼓励和引导社会资金支持基层综合性服务中心建设。

(4)创新公共服务提供方式。推行政府向社会力量购买服务是创新公共服务提供方式、加快服务业发展、引导有效需求的重要途径，对于深化社会领域改革，推动政府职能转变，整合利用社会资源，增强公众参与意识，激发经济社会活力，增加公共服务供给，提高公共服务水平和效率，都具有重要意义。

89.“十三五”时期如何实施脱贫攻坚工程?

农村贫困人口脱贫是全面建成小康社会最艰巨的任务。“十三五”时期是我们确定的全面建成小康社会的时间节点，全面建成小康社会最艰巨最繁重的任务在农村，特别是在贫困地区。党的十八届五中全会提出了全面建成小康社会新的目标要求：到 2020 年国内生产总值和城乡居民人均收入比 2010 年翻一番，我国现行标准下农村贫困人口实现脱贫，贫困县全部摘帽，解决区域性整体贫困。党的十八届五中全会《建议》强调，必须充分发挥政治优势和制度优势，坚决打赢脱贫攻坚战。《建议》还对如何实施脱贫攻坚工程进行了如下部署：

（1）实施精准扶贫、精准脱贫，因人因地施策，提高扶贫实效。分类扶持贫困家庭，对有劳动能力的支持发展特色产业和转移就业，对"一方水土养不起一方人"的实施扶贫搬迁，对生态特别重要和脆弱的实行生态保护扶贫，对丧失劳动能力的实施兜底性保障政策，对因病致贫的提供医疗救助保障。实行低保政策和扶贫政策衔接，对贫困人口应保尽保。

（2）扩大贫困地区基础设施覆盖面，因地制宜解决通路、通水、通电、通网络等问题。对在贫困地区开发水电、矿产资源占用集体土地的，试行给原住居民集体股权方式进行补偿，探索对贫困人口实行资产收益扶持制度。

（3）提高贫困地区基础教育质量和医疗服务水平，推进贫困地区基本公共服务均等化。建立健全农村留守儿童和妇女、老人关爱服务体系。

（4）实行脱贫工作责任制。进一步完善中央统筹、省（自治区、直辖市）负总责、市（地）县抓落实的工作机制。强化脱贫工作责任考核，对贫困县重点考核脱贫成效。加大中央和省级财政扶贫投入，发挥政策性金融和商业性金融的互补作用，整合各类扶贫资源，开辟扶贫开发新的资金渠道。健全东西部协作和党政机关、部队、人民团体、国有企业定点扶贫机制，激励各类企业、社会组织、个人自愿采取包干方式参与扶贫。把革命老区、民族地区、边疆地区、集中连片贫困地区作为脱贫攻坚重点。

90. 什么是"精准扶贫"？习近平总书记提出的"六个精准"是什么？

精准扶贫是粗放扶贫的对称，是指针对不同贫困区域环境、不同贫困农户状况，运用科学有效程序对扶贫对象实施精确识别、精确帮扶、精确管理的治贫方式。一般来说，精准扶贫主要是就贫困居民而言的，谁贫困就扶持谁。习近平总书记强调，各级党委和政府必须增强紧迫感和主动性，在扶贫攻坚上进一步理清思路、强化责任，采取力度更大、针对性更强、作用更直接、效果更可持续的措施，特别要在精准扶贫、精准脱贫上下更大功夫。

"十三五"时期是我们确定的全面建成小康社会的时间节点，全面建成小康社会最艰巨最繁重的任务在农村，特别是在贫困地区。党的十八届五中全会《建议》提出全面建成小康社会新的目标要求：到2020年国内生产总值和城乡居民人均收入比2010年翻一番，我国现行标准下农村贫困人口实现脱贫，贫困县全部摘帽，解决区域性整体贫困。

越是艰巨的任务，越要讲究科学施策、有效应对。精准扶贫，正是扶贫工作科学性的体现。扶贫开发贵在精准，重在精准，制胜之道也在于精准。扶持对象精准、项目安排精准、资金使用精准、措施到户精准、因村派人（第一书记）精准、脱贫成效精准，习近平总书记提出的"六个精准"，道出了精准扶贫的丰富内涵，很有现实针对性。

91."十三五"时期应如何提高教育质量？

百年大计，教育为本。教育是人类传承文明和知识、培养年轻一代、创造美好生活的根本途径。"十二五"时期，我国教育事业不断加快发展，取得了显著成就，提高了全民族素质，推动了创新驱动发展，为全面建成小康社会作出了重要贡献。一是总体发展水平进入世界中上行列。教育普及程度大幅提高，学前教育毛入园率达到中高收入国家平均水平，义务教育普及率超过高收入国家平均水平，高中阶段教育和高等教育毛入学率超过中高收入国家平均水平。二是服务经济社会发展能力显著提高。职业院校每年输送近1000万技术技能人才，开展培训达上亿人次。普通本科高校累计输送近2000万专业人才，牵头承担了一大批国家重大科学研究和重大工程项目，产出了一大批重大科研和科技转化成果。三是国际影响力稳步增强。在经合组织（OECD）开展的国际学生评估项目（PISA）中，上海学生成绩连续两次均获第一。一流大学和一流学科建设受到国际社会广泛关注。首届国际学习型城市大会、首届世界语言大会、首届国际教育信息化大会、国际职业技术教育大会等重要国际会议在我国成功举办，表明中国教育发挥着越来越重要的国际影响。

对于如何提高教育质量，党的十八届五中全会《建议》指出，要“全面贯彻党的教育方针，落实立德树人根本任务，加强社会主义核心价值观教育，培养德智体美全面发展的社会主义建设者和接班人。深化教育改革，把增强学生社会责任感、创新精神、实践能力作为重点任务贯彻到国民教育全过程”。由此基本思路出发，《建议》提出了以下具体措施。

一是推动义务教育均衡发展，全面提高教育教学质量。普及高中阶段教育，逐步分类推进中等职业教育免除学杂费，率先从建档立卡的家庭经济困难学生实施普通高中免除学杂费。发展学前教育，鼓励普惠性幼儿园发展。完善资助方式，实现家庭经济困难学生资助全覆盖。

二是促进教育公平。加快城乡义务教育公办学校标准化建设，加强教师队伍特别是乡村教师队伍建设，推进城乡教师交流。办好特殊教育。

三是提高高校教学水平和创新能力，使若干高校和一批学科达到或接近世界一流水平。建设现代职业教育体系，推进产教融合、校企合作。优化学科专业布局和人才培养机制，鼓励具备条件的普通本科高校向应用型转变。

四是落实并深化考试招生制度改革和教育教学改革。建立个人学习账号和学分累计制度，畅通继续教育、终身学习通道。推进教育信息化，发展远程教育，扩大优质教育资源覆盖面。完善教育督导，加强社会监督。支持和规范民办教育发展，鼓励社会力量和民间资本提供多样化教育服务。

92. 为什么说“十三五”时期普及高中阶段教育关键在提高中职质量?

“普及高中阶段教育”历史性地写入了十八届五中全会《建议》。全国在九年义务教育基础上实现普及高中阶段教育意义重大,反映了国民对学历普及教育要求的提高。目前,我国高中阶段毛入学率已达到86.5%。根据《国家中长期教育改革和发展规划纲要》(2010—2020年)要求,到2020年,普及高中阶段教育,全面满足初中毕业生接受高中阶段教育需求。在毛入学率86.5%的基础上进一步提高,达到90%以上。

高中阶段教育不仅包括普通高中教育,还包括中等职业教育等多种教育形态,公开数据显示,2014年,我国中等职业教育招生628.9万人,在校生1802.9万人。普通高中招生796.6万人,在校生2400.5万人。中职占高中教育的半壁江山,普及高中教育,目前关键在提高中职的质量和吸引力。但是,这些年,中职教育存在萎缩现象,更多人选择升至普通高中就读。学生初中毕业后就有了选择权,但按照现有中考招生模式,分数高的可以升入高中,分数低的将面临该去中职还是走向社会的选择。提高中职质量,关键在落实学校办学自主权,让学校办出个性与特色,提高吸引力,则主要在消除对职业教育的歧视,不要让职业教育低人一等。

职业教育目前存在的问题主要包括,一是学非所用,所学专业与就业不对口;二是社会用人对职业学校学生有歧视,不公平;三是,职业教育最高学历是大专,影响了部分学生的学历上升通道。因此,必须衔接好职业教育高中、大专、本科甚是更高学历教育,才可能逐步化解普通高中热、职业教育冷现象。因此,“十三五”时期普及高中阶段教育的关键一点在于要提高中职教育质量。深化职业教育体制改革,推动中职校企合作和集团化发展是提高中职吸引力的关键。

93. “十三五”时期应如何促进就业创业?

就业是民生之本,创业是就业之源。党的十八届五中全会《建议》

指出，促进就业创业，坚持就业优先战略，实施更加积极的就业政策，创造更多就业岗位，着力解决结构性就业矛盾。完善创业扶持政策，鼓励以创业带就业，建立面向人人的创业服务平台。具体应从以下几个方面着手：

(1)统筹人力资源市场，打破城乡、地区、行业分割和身份、性别歧视，维护劳动者平等就业权利。加强对灵活就业、新就业形态的支持，促进劳动者自主就业。落实高校毕业生就业促进和创业引领计划，带动青年就业创业。加强就业援助，帮助就业困难者就业。

(2)推行终身职业技能培训制度。实施新生代农民工职业技能提升计划。开展贫困家庭子女、未升学初高中毕业生、农民工、失业人员和转岗职工、退役军人免费接受职业培训行动。推行工学结合、校企合作的技术工人培养模式，推行企业新型学徒制。提高技术工人待遇，完善职称评定制度，推广专业技术职称、技能等级等同大城市落户挂钩做法。

(3)提高劳动力素质、劳动参与率、劳动生产率，增强劳动力市场灵活性，促进劳动力在地区、行业、企业之间自由流动。建立和谐劳动关系，维护职工和企业合法权益。

(4)完善就业服务体系，提高就业服务能力。完善就业失业统计指标体系。

94."十三五"时期如何才能缩小收入差距？

党的十八届五中全会《建议》对"十三五"时期缩小收入差距的总要求是，坚持居民收入增长和经济增长同步、劳动报酬提高和劳动生产率提高同步，持续增加城乡居民收入。调整国民收入分配格局，规范初次分配，加大再分配调节力度。

目前，我国居民收入分配问题非常突出，如何深化收入分配制度改革，促进社会公平正义，成为社会各界关注的焦点。当前，一方面要努力贯彻落实目前尚未执行到位的收入分配制度改革政策，全面完成"十二五”期间应完成的任务；另一方面要根据“十三五”期间的新形势、新情况，补充完善政策措施，切实抓好新五年规划期间的收入分配制度改革。

一是健全科学的工资水平决定机制、正常增长机制、支付保障机制，推行企业工资集体协商制度。完善最低工资增长机制，完善市场评价要素贡献并按贡献分配的机制，完善适应机关事业单位特点的工资制度。

二是实行有利于缩小收入差距的政策，明显增加低收入劳动者收入，扩大中等收入者比重。加快建立综合和分类相结合的个人所得税制。多渠道增加居民财产性收入。规范收入分配秩序，保护合法收入，规范隐性收入，遏制以权力、行政垄断等非市场因素获取收入，取缔非法收入。

三是支持慈善事业发展，广泛动员社会力量开展社会救济和社会互助、志愿服务活动。完善鼓励回馈社会、扶贫济困的税收政策。

95.“十三五”时期应从哪些方面建立更加公平更可持续的社会保障制度？

党的十八届五中全会指出，建立更加公平更可持续的社会保障制度，实施全民参保计划，实现职工基础养老金全国统筹，划转部分国有资本充实社保基金，全面实施城乡居民大病保险制度。按照党的十八届五中全会《建议》的要求，“十三五”时期建立更加公平更可持续的社会保障制度的重点任务是：

(1)实施全民参保计划，基本实现法定人员全覆盖。坚持精算平衡，完善筹资机制，分清政府、企业、个人等的责任。适当降低社会保险费率。完善社会保险体系。

(2)完善职工养老保险个人账户制度，健全多缴多得激励机制。实现职工基础养老金全国统筹，建立基本养老金合理调整机制。拓宽社会保险基金投资渠道，加强风险管理，提高投资回报率。逐步提高国有资本收益上缴公共财政比例，划转部分国有资本充实社保基金。出台渐进式延迟退休年龄政策。发展职业年金、企业年金、商业养老保险。

(3)健全医疗保险稳定可持续筹资和报销比例调整机制，研究实行职工退休人员医保缴费参保政策。全面实施城乡居民大病保险制度。改革医保支付方式，发挥医保控费作用。改进个人账户，开展门诊费用统筹。实现跨省异地安置退休人员住院医疗费用直接结算。整合城乡居民医保政策和经办管理。鼓励发展补充医疗保险和商业健康保险。鼓励商业保险机构参与医保经办。将生育保险和基本医疗保险合并实施。

(4)统筹救助体系，强化政策衔接，推进制度整合，确保困难群众基本生活。

96.“十三五”时期如何实施全民参保计划？

党的十八届五中全会《建议》提出，建立更加公平更可持续的社会保障制度，实施全民参保计划。2020 年全国人口预计达到 14.3 亿人，为实现“全面建成覆盖城乡居民的社会保障体系”的目标，国务院有关部门已经制定并开始实施以养老、医疗保险为重点的全民参保登记计划。

“十三五”时期，实施全民参保计划应坚持贯彻全覆盖、保基本、多层次、可持续的社会保障方针。要根据社会保障制度的类型实现最广泛的覆盖，其中基本养老和基本医疗保障制度要覆盖城乡全体居民，工伤、失业、生育保险制度要覆盖城镇所有职业群体，实现人人享有基本社会保障的目标。在财力许可条件下，加快丰富和完善保障类型，探索将农村生育保险纳入基本社会保障体系，进一步降低孕产妇死亡率和新生儿死亡率。坚持尽力而为、量力而行的原则，根据我国经济社会发展状况合理确定社会保障待遇水平，保障基本的生活需求，正确引导公众社会福利诉求，规避社会福利陷阱。以社会救助为保底层、社会保险为主体层，积极构建以企业(职业)年金等补充社会保险和商业保险为补充层的多层次社会保障体系，进一步突出对弱势群体的保障和救助功能，保障其生存质量和健康水平，提供弱势群体发展的必要基础。要立足制度的长远发展，统筹协调，探索建立长效机制，实现社会保障制度长期稳定运行。

97. 何谓健康中国？“十三五”时期应如何推进健康中国建设？

继提出建设“美丽中国”之后，随着十八届五中全会的胜利闭幕，“健康中国”战略正式升级为国家战略。其实，“健康中国”战略已酝酿多年。早在2007年中国科协年会上，时任卫生部部长陈竺即公布了“健康护小康，小康看健康”的三步走战略。2012年8月，卫生部组织数百名专家讨论最终形成“健康中国2020”战略研究报告，提出到2020年，完善覆盖城乡居民的基本医疗卫生制度，实现人人享有基本医疗卫生服务，医疗保障水平不断提高，卫生服务利用明显改善，地区间人群健康差异进一步缩小，国民健康水平达到中等发达国家水平。值得关注的是，“健康中国”概念在2015年全国两会期间再次亮相，并在2015年9月进入战略编制工作。李克强总理在《政府工作报告》中强调：“健康是群众的基本需求，要不断提高医疗卫生水平，打造健康中国。”

党的十八届五中全会指出，推进健康中国建设，深化医药卫生体制改革，理顺药品价格，实行医疗、医保、医药联动，建立覆盖城乡的基本医疗卫生制度和现代医院管理制度，实施食品安全战略。具体来讲，党的十八届五中全会《建议》对“十三五”时期如何推进健康中国建设提出以下几点要求：

一是深化医药卫生体制改革，实行医疗、医保、医药联动，推进医药分开，实行分级诊疗，建立覆盖城乡的基本医疗卫生制度和现代医院管理制度。

全面推进公立医院综合改革，坚持公益属性，破除逐利机制，建立符合医疗行业特点的人事薪酬制度。优化医疗卫生机构布局，健全上下联动、衔接互补的医疗服务体系，完善基层医疗服务模式，发展远程医疗。促进医疗资源向基层、农村流动，推进全科医生、家庭医生、急需领域医疗服务能力提高、电子健康档案等工作。鼓励社会力量兴办健康服务业，推进非营利性民营医院和公立医院同等待遇。加强医疗质量监管，完善纠纷调解机制，构建和谐医患关系。

二是坚持中西医并重，促进中医药、民族医药发展。完善基本药物制度，健全药品供应保障机制，理顺药品价格，增加艾滋病防治等特殊药物免费供给。提高药品质量，确保用药安全。加强传染病、慢性病、地方病等重大疾病综合防治和职业病危害防治，通过多种方式降低大病慢性病医疗费用。倡导健康生活方式，加强心理健康服务。

三是实施食品安全战略，形成严密高效、社会共治的食品安全治理体系，让人民群众吃得放心。

除了《建议》提出的要求之外，推进健康中国建设还应包括疾病的预防问题。健康不是孤立的，除了有病治病，还包括无病早防，包括人们健康意识的养成，而这些，已经超出了医药卫生领域的范畴。所以，健康中国也不是孤立的，除了解决好“看病难”“看病贵”，还要以人的健康为中心绸缪布局，与经济社会发展的一系列政策融合并进，通过综合性的政策举措，实现健康发展目标。比如，社会保障相关政策的公平与可持续，收入分配机制的进一步完善，消费新增长点的打造，生态环境的治理改善，等等。

健康中国升级为国家战略，带动的不只是健康概念股的涨停，更是全民健康愿景的升腾。健康中国建设，同样是一项“人人参与、人人尽力、人人享有”的全民事业，需要每个人坚守底线，付诸行动，为自己，为他人，把好健康关。

98.“十三五”时期如何深化医药卫生体制改革？

“十二五”期间，继续坚持把基本医疗卫生制度作为公共产品向全民提供的基本理念，坚持“保基本、强基层、建机制”的基本原则，加强顶层设计，强化问题导向，不断把改革推向纵深，在关键领域和重点环节取得突破性进展。居民个人卫生支出占卫生总费用的比重由 2010 年的 35.29％下降到 2014 年的 31.99％，为近 20 年来的最低水平，2015 年年内有望实现降至 30％以下的目标。主要成效包括 4 个方面：全民医保体系基本建立;公立医院改革步伐明显加快;基本药物制度和基层运行新机制得到进一步的巩固完善;大力推进社会办医和健康服务业。

"十三五"时期继续认真落实党中央、国务院决策部署,坚持保基本、强基层、建机制,充分发挥政府职能和市场机制作用,深化医药卫生体制改革,实行医疗、医保、医药联动,推进医药分开,实行分级诊疗,建立覆盖城乡的基本医疗卫生制度和现代医院管理制度,不断提高医疗卫生服务水平,努力打造健康中国。具体部署有以下七个方面:

一是全面深化公立医院改革。破除以药补医机制,推动建立科学补偿机制,进一步理顺医疗服务价格,深化编制人事制度改革,建立符合医疗卫生行业特点的薪酬制度,优化医疗卫生资源结构布局,加快建立完善现代医院管理制度和加强绩效考核评估等。二是健全全民医保体系。完善筹资机制和管理服务,全面实施城乡居民大病保险制度,健全重特大疾病保障机制,深化医保支付制度改革,大力发展商业健康保险。三是大力发展社会办医。进一步完善社会办医政策,加强监督管理,规范服务行为。四是健全药品供应保障机制。落实公立医院药品集中采购办法,深化药品生产流通领域改革,积极推进药品价格改革,保障药品供应配送,完善创新药和医疗器械评审制度等。五是完善分级诊疗体系。提升基层服务能力和加快建立基层首诊、双向转诊制度。六是深化基层医疗卫生机构综合改革。调动基层积极性,加强乡村医生队伍建设,加快促进基本公共卫生服务均等化。七是统筹推进各项配套改革。推进卫生信息化建设,加强卫生人才队伍建设,健全医药卫生监管体制等有关工作。

99."十三五"时期如何实施食品安全战略?

中国既是食品生产大国,又是食品消费大国。食品安全始终是我们党和政府高度重视的头等大事。习近平总书记多次强调,食品安全关系中华民族的未来,能不能在食品安全上给老百姓一个满意的交代,是对我们执政能力的重大考验。"十三五"时期食品安全工作实行预防为主、风险管理、全程控制、社会共治，建立科学、严格的监督管理制度。根据《中华人民共和国食品安全法》，“十三五”时期实施食品安全战略应从以下几个方面着手：

(1)对食品生产经营者的要求。食品生产经营者对其生产经营食品的安全负责。食品生产经营者应当依照法律、法规和食品安全标准从事生产经营活动，保证食品安全，诚信自律，对社会和公众负责，接受社会监督，承担社会责任。

(2)国务院对食品安全的监管。国务院设立食品安全委员会，其职责由国务院规定。国务院食品药品监督管理部门依照本法和国务院规定的职责，对食品生产经营活动实施监督管理。国务院卫生行政部门依照本法和国务院规定的职责，组织开展食品安全风险监测和风险评估，会同国务院食品药品监督管理部门制定并公布食品安全国家标准。国务院其他有关部门依照本法和国务院规定的职责，承担有关食品安全工作。

(3)县级以上地方人民政府对食品安全的监管。县级以上地方人民政府对本行政区域的食品安全监督管理工作负责，统一领导、组织、协调本行政区域的食品安全监督管理工作以及食品安全突发事件应对工作，建立健全食品安全全程监督管理工作机制和信息共享机制。县级以上地方人民政府实行食品安全监督管理责任制。上级人民政府负责对下一级人民政府的食品安全监督管理工作进行评议、考核。县级以上地方人民政府负责对本级食品药品监督管理部门和其他有关部门的食品安全监督管理工作进行评议、考核。

(4)食品行业协会对食品安全的监管。食品行业协会应当加强行业自律，按照章程建立健全行业规范和奖惩机制，提供食品安全信息、技术等服务，引导和督促食品生产经营者依法生产经营，推动行业诚信建设，宣传、普及食品安全知识。消费者协会和其他消费者组织对违反本法规定，损害消费者合法权益的行为，依法进行社会监督。

(5)对食品安全监管的其他措施。新闻媒体应当开展食品安全法律、法规以及食品安全标准和知识的公益宣传，并对食品安全违法行为进行舆论监督。有关食品安全的宣传报道应当真实、公正。各级人民政府应当加强食品安全的宣传教育，普及食品安全知识，鼓励社会组织、基层群众性自治组织、食品生产经营者开展食品安全法律、法规以及食品安全标准和知识的普及工作，倡导健康的饮食方式，增强消费者食品安全意识和自我保护能力。

100.“十三五”时期应如何促进人口均衡发展？

党的十八届五中全会决定，坚持计划生育的基本国策，完善人口发展战略，全面实施一对夫妇可生育两个孩子政策。这是党中央站在中华民族长远发展的战略高度作出的促进人口长期均衡发展的重大举措，这次政策的实施，将有利于优化人口结构、增加劳动力的供给、减缓人口老龄化压力、促进人口均衡发展，有利于促进经济持续健康发展、促进全面建成小康社会的第一个百年目标实现。

“全面两孩”放开以后，在2017年和2018年我国每年出生人口总量大致达到出生峰值即2000万至2300万；峰值过后为每年2000万左右，到2020年为2000万以下。总和生育率在生育堆积的高峰年份能达到2左右，到“十四五”以后基本上回归到1.8左右。与“单独两孩”政策相比，全面放开两孩，到2050年我国大约增加1亿人口。生育政策调整，必然带来人口数量增加，这将给生殖健康、住院分娩、母婴保健等公共服务带来挑战。目前看来，“全面两孩”的目标人群中35岁以上育龄妇女占60%以上。政策实施后，大龄产妇从孕前优生到产前检查都会比较集中，相关部门将采取适当措施缓解有关压力。

对“十三五”时期如何促进人口均衡发展，党的十八届五中全会《建议》提出以下几点措施：

一是坚持计划生育的基本国策，完善人口发展战略。全面实施一对夫妇可生育两个孩子政策。提高生殖健康、妇幼保健、托幼等公共服务水平。帮扶存在特殊困难的计划生育家庭。注重家庭发展。

二是积极开展应对人口老龄化行动，弘扬敬老、养老、助老社会风尚，建设以居家为基础、社区为依托、机构为补充的多层次养老服务体系，推动医疗卫生和养老服务相结合，探索建立长期护理保险制度。全面放开养老服务市场，通过购买服务、股权合作等方式支持各类市场主体增加养老服务和产品供给。

三是坚持男女平等基本国策，保障妇女和未成年人权益。支持残疾人事业发展，健全扶残助残服务体系。

101. 为什么"十三五"时期既坚持计划生育基本国策，又全面实施两孩政策？

全面两孩政策，是指所有夫妇，无论城乡、区域、民族，都可以生育两个孩子的政策。实施全面两孩政策，是继单独两孩政策之后生育政策的进一步调整完善，这是中央基于我国人口与经济社会发展的形势作出的重大战略决策。

习近平总书记在关于《中共中央关于制定国民经济和社会发展第十三个五年规划的建议》的说明中指出，当前，我国人口结构呈现明显的高龄少子特征，适龄人口生育意愿明显降低，妇女总和生育率明显低于更替水平。现在的生育主体是80后、90后，他们的生育观念变化了，养育孩子的成本也增加了，同时社会保障水平提高了，养儿防老的社会观念明显弱化，少生优生已成为社会生育观念的主流。一方面，据调查，实施一方是独生子女的夫妇可生育两个孩子政策以来，全国符合政策条件的夫妇有1100多万对。截至今年8月底，提出生育二孩申请的只有169万对，占比为15.4%。另一方面，我国人口老龄化态势明显，2014年60岁以上人口占总人口的比重已经超过15%，老年人口比重高于世界平均水平，14岁以下人口比重低于世界平均水平，劳动年龄人口开始绝对减少，这种趋势还在继续。这些都对我国人口均衡发展和人口安全提出了新的挑战。

全面实施一对夫妇可生育两个孩子政策，可以通过进一步释放生育潜力，减缓人口老龄化压力，增加劳动力供给，促进人口均衡发展。这是站在中华民族长远发展的战略高度促进人口均衡发展的重大举措。国家卫计委等部门经过认真测算，认为实施这项政策是可行的。

计划生育是我国必须长期坚持的一项基本国策。实行全面两孩政策后，预计2030年我国总人口为14.5亿人。未来相当长的时期内，我国人口众多的基本国情不会根本改变，人口对经济社会发展的压力、人口与资源环境的紧张关系将客观存在。同时，人口与经济社会的发展变化，计划生育政策的调整完善，赋予了计划生育基本国策新的内涵。当前，坚持计划生育基本国策，就是要实施好全面两孩政策，推进计划生育服务管理改革，引导家庭负责任、有计划地安排生育，调控人口总量、提升人口素质、优化人口结构、引导人口合理分布，促进家庭幸福和人口均衡发展。

102. **实施全面两孩政策后，生育还要不要审批？**

按照中央推进计划生育服务管理改革的部署，国家卫生和计划生育委员会已经在全国实行了一孩生育登记。实施全面两孩政策后，国家卫计委将进一步改革完善计划生育服务管理，取消二孩审批，实行生育登记服务制度，准确掌握生育信息，重点加强优生优育、避孕节育、妇幼健康的咨询指导，落实免费的卫生计生服务项目。生育第二个孩子的夫妻，可到一方户口所在地或现居住地办理登记。具体登记办法由各省（区、市）制订。符合规定条件要求再生育的，仍需要按有关规定办理手续。卫生计生部门将进一步简化程序，做好服务，方便群众。

103. **实施全面两孩政策后，如果自愿只生育一个孩子，能否享受独生子女父母的奖励优待？**

实施全面两孩政策后，提倡按政策生育。对自愿生育一个孩子的夫妻，不再发放《独生子女父母光荣证》，不再享受独生子女父母奖励费等相关奖励优待政策。之前已经领取《独生子女父母光荣证》的，继续按规定的条件、标准、年限，享受各项计划生育奖励优待政策。已经领取《独生子女父母光荣证》要求再生育的，不再享受独生子女父母奖励优惠待遇，此前享受的不退还。特别需要指出的是，各地要积极采取措施，加大对有特殊困难的计划生育家庭的帮扶力度，切实解决他们在生活保障、养老照料、大病医疗、精神慰藉方面的困难和问题。

104.“十三五”时期如何积极开展应对人口老龄化行动？

“十三五”时期，应对人口老龄化行动，应坚持全面实施一对夫妇可生育两个孩子政策。另外，国家和社会应弘扬敬老、养老、助老社会风尚，建设以居家为基础、社区为依托、机构为补充的多层次养老服务体系，推动医疗卫生和养老服务相结合，探索建立长期护理保险制度。全面放开养老服务市场，通过购买服务、股权合作等方式支持各类市场主体增加养老服务和产品供给。

105.“十三五”时期促进慈善事业健康发展应坚持哪些基本原则？

党的十八届五中全会《建议》指出，支持慈善事业发展，广泛动员社会力量开展社会救济和社会互助、志愿服务活动。完善鼓励回馈社会、扶贫济困的税收政策。

根据国务院印发的《关于促进慈善事业健康发展的指导意见》，促进慈善事业健康发展应坚持以下基本原则：

(1)突出扶贫济困。鼓励、支持和引导慈善组织和其他社会力量从帮助困难群众解决最直接、最现实、最紧迫的问题入手，在扶贫济困、为困难群众救急解难等领域广泛开展慈善帮扶，与政府的社会救助形成合力，有效发挥重要补充作用。

(2)坚持改革创新。在慈善事业体制机制、运行方式、慈善事业与社会救助对接等方面大胆探索，畅通社会各方面参与慈善和社会救助的渠道，大力优化慈善事业发展环境，使各类慈善资源、社会救助资源充分发挥作用。

(3)确保公开透明。慈善组织以及其他社会力量开展慈善活动,要充分尊重捐赠人意愿,依据有关规定及时充分公开慈善资源的募集、管理和使用情况。慈善组织要切实履行信息公开责任,接受行政监督、社会监督和舆论监督。

(4)强化规范管理。加快完善相关法规政策,规范和引导慈善事业健康发展。依法依规对自然人、法人和其他组织开展的慈善活动进行监管,及时查处和纠正违法违规活动,确保慈善事业在法制化轨道上运行。

第八章　加强和改善党的领导，为实现“十三五”规划提供坚强保证

发展是党执政兴国的第一要务，党的十八届五中全会强调，各级党委必须深化对发展规律的认识，提高领导发展能力和水平，推进国家治理体系和治理能力现代化，更好推动经济社会发展。完善党领导经济社会发展工作体制机制，加强党的各级组织建设，强化基层党组织整体功能。动员人民群众团结奋斗，贯彻党的群众路线，提高宣传和组织群众能力，加强经济社会发展重大问题和涉及群众切身利益问题的协商，依法保障人民各项权益，激发各族人民建设祖国的主人翁意识。

106. 中国发展的三大规律是什么？

“发展必须是遵循经济规律的科学发展，必须是遵循自然规律的可持续发展，必须是遵循社会规律的包容性发展。”2014 年 7 月 29 日中央政治局会议作出的关于中国发展三大规律的重大判断，是对新常态下中国经济发展新特征、新趋势的科学把握，是对化解“三期”叠加新问题、新矛盾的理性思维，是对推动经济持续健康发展新思路、新目标的高度概括，对当前以至长期做好经济工作，具有重要的指导意义。

十八届五中全会《建议》更进一步指出：党的十八大以来，以习近平同志为总书记的党中央毫不动摇坚持和发展中国特色社会主义，勇于实践、善于创新，深化对共产党执政规律、社会主义建设规律、人类社会发展规律的认识，形成一系列治国理政新理念新思想新战略，为在新的历史条件下深化改革开放、加快推进社会主义现代化提供了科学理论指导和行动指南。

107. 如何深化对中国发展三大规律的认识?

发展必须是遵循经济规律的科学发展,必须是遵循自然规律的可持续发展,必须是遵循社会规律的包容性发展。认识这三大规律,有助于读懂中国在新常态下的发展路径。

(1)遵循经济规律的科学发展。经济规律是经济发展过程中内在的、本质的、必然的联系,不以人的意志为转移。无论人们主观上是否认识,经济规律都客观存在并必然发生作用。遵循规律、顺势而为,才能不断发展;违背规律、逆势而动,不仅难以发展,还会受到规律的惩罚,付出巨大的代价。

遵循经济规律、实现科学发展,就要遵循经济增长的一般规律,理性看待新常态,站上新的发展方位。"十三五"时期,发展仍然是解决我国所有问题的关键和基础,中国经济必须保持一定速度,但也应看到,随着潜在增长率下降、资源环境压力加大,中国经济"做不到"也"受不了"像过去那样的高速增长,与此同时,随着人口结构变化、要素成本上升,倒逼经济结构优化升级、发展转向创新驱动。这样一来,中国经济必然进入以中高速、优结构、新动力、多挑战为主要特征的新常态。这是客观规律作用的必然结果。面对新常态,如果在"速度情结"驱动下搞强刺激、踩大油门,换挡不调速,就难免出"事故",带来一系列副作用,刺激出来的"高速度"也会昙花一现。只有充分尊重经济步入新常态这一客观现实,既理性面对增速换挡,坚持区间调控,保持"平常心",又顺应新常态下提质增效的内在要求,坚持定向调控,统筹稳增长促改革调结构惠民生,保持"进取心",才能使经济运行在合理区间,实现实实在在、没有水分的发展,民生改善、就业充分的发展,劳动生产率提高、经济活力增强、结构调整有成效的发展。一句话,我们要的发展就是速度、质量和效益统一的发展。

遵循经济规律、实现科学发展,就要遵循市场经济的一般规律,树立新的改革坐标。市场经济是人类的精巧发明,市场决定资源配置是市场经济的一般规律。发展要获得强劲动力，大力推进市场化改革，处理好政府和市场的关系。新常态下，转方式、调结构的要求更为迫切，必须清除体制机制障碍，解决政府职能转换不到位、市场体系不完善、企业改革不彻底等突出问题，释放改革红利，焕发企业和社会活力，持续增强经济发展后劲。

(2)遵循自然规律的可持续发展。人类源于自然，本是自然的一部分。大自然为人类的生存发展提供了基础、创造了条件，但是自然资源和环境容量是有限的，人不能在自然面前为所欲为。来自自然，依存于自然，又受制于自然，这是人与自然的基本关系。发展必须是遵循自然规律的可持续发展，这是我们从无数经验教训中得出的必然结论，是中国经济进入新常态的必然选择。新常态下，增长速度换挡，结构调整加快，更加重视节能环保，更加突出生态环境建设。这就要求我们遵循自然规律、尊重自然、敬畏自然、呵护自然，人与自然协调，在维护绿水青山中打造金山银山，在共享发展的物质成果中共享发展的生态成果，这样的发展才是可持续的发展，才是惠及当代造福子孙的发展。

新常态下，生态环境建设就是发展的重要内容。绿水青山就是金山银山，保护和改善生态环境，就是发展生产力，就是提升发展的质量。发展要有一定的速度，这个速度应当是“省油的速度”。好比开车，既要跑得快，又要降油耗。节能降耗，治理污染，保护生态，减轻资源环境压力，都是发展题中应有之义。一个地方如果生态环境指标很差，其他经济指标再好看也是残缺的发展，没有质量的发展。各地情况不同，在发展速度上需要因地制宜，不能“一刀切”。特别是那些生态区位重要、环境比较脆弱的区域，保护好碧水蓝天就是发展，就是对中华民族永续发展的巨大贡献。

新常态下，生态环境建设就是改善民生。发展以人为本，新常态下的发展更加重视提高人的生活质量。30 多年前人们“盼温饱”，现在“盼环保”；30 多年前人们“求生存”，现在“求生态”。随着经济社会快速发展，人民群众对绿水青山等生态产品的需求越来越迫切。“不要因为走得太远而忘记为什么出发”，搞建设、谋发展的最终目的是增加人民的福祉。回应人民群众的新期待，就要转变发展方式，生产生态两手抓，生活生态齐改善。

(3)遵循社会规律的包容性发展。发展既是经济问题，也是社会问题。当前，我国经济步入新常态，正确认识新常态，积极适应新常态，需要我们统筹经济社会发展全局，不仅遵循经济规律、自然规律，也要遵循社会规律，实现以人为本的包容性发展。

世间万物，规律支配。社会运行同样有其规律，是一个客观必然过程。经济发展与社会发展相互交织，互为依托，又相互制约。发展的主体是人，发展的目的是人。人又是社会之人，发展不仅是经济的发展，也是社会的发展。只有遵循社会规律，经济发展与社会发展协调，坚持公平正义，让全体人民共同参与发展进程，共同享有发展成果，实现包容性发展，才能彰显大写的“人”字。这样的发展才是以人为本的发展，才是体现社会文明进步的发展。

遵循社会规律实现包容性发展，是经济进入新常态的必然要求。新常态下，我们可以不必纠结于速度，而用更大的精力改善民生、推进社会发展，让更多的发展成果落实到群众身上。速度的底线是保证就业、是保证人民生活改善。增长速度换挡、结构调整阵痛、前期刺激政策消化三期叠加，必然会遇到许多新的问题，改善民生和社会建设任务十分繁重，更加需要平衡改革发展稳定三者关系。这就要求我们加大改善民生和社会建设力度，化解突出矛盾，为人民办实事，让人民得实惠，不断提高发展的包容性，把发展中的“人”字写得更大，推动经济社会协调发展。

遵循社会规律的包容性发展，是促进公平正义的发展。发展以人为本，发展属于每个人，我们要顺应人民群众的新期待，全面深化改革，促进权利公平、机会公平、规则公平，创造公平公正的竞争环境，打破阶层固化、利益藩篱，让每个人拥有平等参与、平等发展的机会，使不同社会群体、市场主体各得其所、各展其能，为发展夯实最广泛、最深厚的社会根基。

遵循社会规律的包容性发展，是注重民生改善的发展。改善民生已取得巨大进步，但还有不少历史欠账和薄弱环节，人们向往更好的教育、更稳定的工作、更满意的收入、更舒适的住房、更可靠的社会保障。我们要准确把握经济社会发展和人民生活改善的结合点，将稳增长、促改革、调结构的聚焦点放在惠民生上，雪中送炭解决实际问题，增加公共产品有效供给，保基本、补短板、兜底线，向民生改善要发展潜力。

遵循社会规律的包容性发展，是社会和谐稳定的发展。改革发展稳定越来越彼此交融、相互作用，如果发展成果、改革红利不能惠及全体人民，发展将没有意义，改革会失去动力。要把改革力度、发展速度与社会可承受程度统一起来，准确把握改革发展稳定的平衡点，寻求“最大公约数”，加强社会建设，创新社会治理，使我国社会在深刻变革中既生机勃勃又和谐稳定，最大限度调动一切积极因素，凝心聚力推进改革发展。

108.“十三五”时期，怎样完善党领导经济社会发展工作体制机制？

“十三五”时期，经济发展进入新常态，改革进入深水区，国际国内形势复杂多变，推动经济发展提质增效升级面临诸多挑战。解决好这些问题，关键在党。

关于如何完善党领导经济社会发展工作体制机制。十八届五中全会《建议》指出：要坚持党总揽全局、协调各方，发挥各级党委（党组）领导核心作用，加强制度化建设，改进工作体制机制和方式方法，强化全委会决策和监督作用。提高决策科学化水平，完善党委研究经济社会发展战略、定期分析经济形势、研究重大方针政策的工作机制，健全决策咨询机制。完善信息发布制度。

优化领导班子知识结构和专业结构，注重培养选拔政治强、懂专业、善治理、敢担当、作风正的领导干部，提高专业化水平。深化干部人事制度改革，完善政绩考核评价体系和奖惩机制，调动各级干部工作积极性、主动性、创造性。

加强党的各级组织建设，强化基层党组织整体功能，发挥战斗堡垒作用和党员先锋模范作用，激励广大干部开拓进取、攻坚克难，更好带领群众全面建成小康社会。

反腐倡廉建设永远在路上，反腐不能停步、不能放松。要坚持全面从严治党，落实"三严三实"要求，严明党的纪律和规矩，落实党风廉政建设主体责任和监督责任，健全改进作风长效机制，强化权力运行制约和监督，巩固反腐败成果，构建不敢腐、不能腐、不想腐的有效机制，努力实现干部清正、政府清廉、政治清明，为经济社会发展营造良好政治生态。

109. "十三五"时期，如何加强党的各级组织建设？

党的十八大以来，以习近平同志为总书记的党中央接过历史"接力棒"，高举中国特色社会主义伟大旗帜，围绕"改革发展稳定"这一总课题，遵循"打铁还需自身硬"的执政思路，力求通过加强和改进党的建设新的伟大工程，进行好具有新的历史特点的伟大斗争，有效破解中国特色社会主义建设进程中面临的一系列突出矛盾、难题和问题，最终真正实现中华民族伟大复兴的中国梦。加强党的组织建设为加快推进"四个伟大"提供了有力的组织保证和人才支撑。

(1)坚持和完善民主集中制原则。民主集中制是党的根本组织原则，是党的根本组织制度和领导制度。这一原则和制度，是马克思主义认识论和群众路线在党的生活和组织建设中的运用，反映了以马克思主义为指导的工人阶级政党的活动规律，为我们党坚持工人阶级先锋队的性质，发挥对中国革命和建设事业的领导作用，正确制定和执行党的政治路线，提供了强有力的组织保证。在执政和改革开放的新的历史条件下，为了把党建设成领导社会主义现代化建设事业的坚强核心，全面正确地贯彻执行党在社会主义初级阶段的基本路线，更要坚持和完善党的民主集中制。

（2）加强和完善党的组织体系。加强党组织体系建设，要适应经济基础、体制环境、社会条件的新变化，确保党的组织和党的工作全覆盖，通过改革创新，强化服务功能，为全面深化改革提供坚强的组织保障。完善党组织体系，要坚持拓展空间、构建格局。按照党的组织和工作全覆盖的要求，构建“纵向到底、横向到边”，全方位、多层次、宽领域的党建工作格局。

（3）着力培养选拔党和人民需要的好干部。我们党历来高度重视选贤任能，始终把选人用人作为关系党和人民事业的关键性、根本性问题来抓。治国之要，首在用人。也就是古人说的：“尚贤者，政之本也。”“为政之要，莫先于用人。”

（4）严格党内生活，增强党内生活的政治性、原则性、战斗性。我们党 90 多年的奋斗历程表明，严格的党内生活，是党保持和发展先进性、纯洁性，增强创造力、凝聚力、战斗力的根本保证，是解决党内存在的问题的重要途径，是加强党的建设的优良传统和宝贵经验，对党的建设和党的事业发展具有重大意义，是我们必须要始终坚持、倍加珍惜的独特优势。

（5）严明政治纪律和政治规矩。我们党是靠共同理想和铁的纪律组织起来的马克思主义政党。具有严密的组织性和纪律性，这是我们党的鲜明特征和取得胜利的一个重要保证。党的纪律是党的各级组织和全体党员必须遵守的行为准则，是维护党的团结统一、完成党的任务的保证，也是党生存、巩固和发展的必要条件。

（6）以加强基层服务型党组织建设来指导党的基层组织建设。高度重视党的基层组织建设是马克思主义政党建设的一大特色，是马克思主义建党学说的重要原则和重要组成部分，也是马克思主义政党自身建设在实践中必须始终解决好的一个基本问题。党的十八大报告明确提出了“以服务群众、做群众工作为主要任务，加强基层服务型党组织建设”的新功能定位和新工作要求。这就表明我们党更加注重强化基层党组织的服务功能、密切联系群众的行动指向，充分体现了我们党对马克思主义建党学说、党的领导原理和执政规律的科学把握，也是党的建设适应新形势、应对各种考验和风险的现实需要。

110.“十三五”时期，怎样强化基层党组织整体功能？

习近平总书记指出：“党的工作最坚实的力量支撑在基层，经济社会发展和民生最突出的矛盾和问题也在基层，必须把抓基层打基础作为长远之计和固本之策，丝毫不能放松。”一方面，要重点加强基层党组织建设，全面提高基层党组织凝聚力和战斗力。另一方面，要高度关注基层政权组织、经济组织、自治组织、群团组织、社会组织发展变化的特点，加强指导和管理，使各类基层组织按需设置、按职履责、有人办事、有章理事。

“既种好自留地、管好责任田，又唱好群英会、打好合力牌。”习近平总书记这样形象地描述。基层干部是加强基层基础工作的关键。要关心和爱护广大基层干部，为他们创造良好工作和成长条件，保障他们的合理待遇，帮助他们深入改进作风，提高发展经济能力、改革创新能力、依法办事能力、化解矛盾能力、带领群众能力，引导他们扎根基层、爱岗敬业、争创一流。

习近平总书记的上述讲话可以概括为“了解基层，认识基层，指导基层”。近年来，中国基层组织发生了很大变化，因此，共产党既要把自己的基层组织搞好，同时要加强对其他基层组织的指导和管理，这样才能跟上时代步伐，才能使党的执政基础和社会组织在新的历史环境中找到默契。

“了解基层，认识基层，指导基层”，这不仅是党建问题，更涉及国家治理体系和治理能力的现代化。重视和加强基层治理，是中国“十三五”期间着力的重点。

111.“十三五”时期，如何动员人民群众团结奋斗？

人民是历史的创造者，群众是真正的英雄。人民群众是我们力量的源泉。我们一定要始终与人民心心相印、与人民同甘共苦、与人民团结奋斗。关于如何动员人民群众团结奋斗。十八届五中全会《建议》指出，要充分发扬民主，贯彻党的群众路线，提高宣传和组织群众能力，加强经济社会发展重大问题和涉及群众切身利益问题的协商，依法保障人民各项权益，激发各族人民建设祖国的主人翁意识。

加强思想政治工作，创新群众工作体制机制和方式方法，注重发挥工会、共青团、妇联等群团组织的作用，正确处理人民内部矛盾，最大限度凝聚全社会推进改革发展、维护社会和谐稳定的共识和力量。高度重视做好意识形态领域工作，切实维护意识形态安全。

巩固和发展最广泛的爱国统一战线，全面落实党的知识分子、民族、宗教、侨务等政策，充分发挥民主党派、工商联和无党派人士作用，深入开展民族团结进步宣传教育，引导宗教与社会主义社会相适应，促进政党关系、民族关系、宗教关系、阶层关系、海内外同胞关系和谐，巩固全国各族人民大团结，加强海内外中华儿女大团结。

112.“十三五”时期，如何加快建设人才强国？

人才强国制定和实施，是党从当代世界和中国深刻变化着的实际出发，根据党和国家事业发展的迫切要求而作出的重大决策。人才强国战略作为一项国家的重大战略，有着丰富而深刻的科学内涵。人才强国战略的提出和实施，解决了中国人才资源发展的指导思想、方针原则、战略目标与重大问题，为中国人力资源开发提供了思想保证、组织保证和制度保证，是改革开放 30 年来中国经济社会科学发展鸿篇巨制中的一个壮丽篇章。

十八届五中全会《建议》指出，加快建设人才强国。要深入实施人才优先发展战略，推进人才发展体制改革和政策创新，形成具有国际竞争力的人才制度优势。

推动人才结构战略性调整，突出“高精尖缺”导向，实施重大人才工程，着力发现、培养、集聚战略科学家、科技领军人才、企业家人才、高技能人才队伍。实施更开放的创新人才引进政策，更大力度引进急需紧缺人才，聚天下英才而用之。发挥政府投入引导作用，鼓励企业、高校、科研院所、社会组织、个人等有序参与人才资源开发和人才引进。

优化人力资本配置，清除人才流动障碍，提高社会横向和纵向流动性。完善人才评价激励机制和服务保障体系，营造有利于人人皆可成才和青年人才脱颖而出的社会环境，健全有利于人才向基层、中西部地区流动的政策体系。

113.“十三五”时期，怎样运用法治思维和法治方式推动发展？

法治思维就是将法治的诸种要求运用于认识、分析、处理问题的思维方式，是一种以法律规范为基准的逻辑化的理性思考方式。法治方式就是运用法治思维处理和解决问题的行为方式。党的十八大报告提出，要“提高领导干部运用法治思维和法治方式深化改革、化解矛盾、推动发展、维护稳定能力。”

关于如何运用法治思维和法治方式推动发展。十八届五中全会《建议》指出：厉行法治是发展社会主义市场经济的内在要求，必须坚持依法执政，全面提高党依据宪法法律治国理政、依据党内法规管党治党的能力和水平。

加强党对立法工作的领导。加快重点领域立法，坚持立改废释并举，深入推进科学立法、民主立法，加快形成完备的法律规范体系。

加强法治政府建设，依法设定权力、行使权力、制约权力、监督权力，依法调控和治理经济，推行综合执法，实现政府活动全面纳入法治轨道。深化司法体制改革，尊重司法规律，促进司法公正，完善对权利的司法保障、对权力的司法监督。弘扬社会主义法治精神，增强全社会特别是公职人员尊法学法守法用法观念，在全社会形成良好法治氛围和法治习惯。

114.“十三五”时期，怎样加强和创新社会治理？

创新社会治理，加快推进社会治理体系和治理能力现代化，是中国特色社会主义建设的长远性、根本性、基础性工作。要认真贯彻落实党的十八大、十八届三中、四中、五中全会和习近平总书记一系列重要讲话精神，按照“四个全面”新要求，在提高系统治理、依法治理、源头治理、综合治理水平上求实效。

十八届五中全会《建议》指出，加强和创新社会治理。要建设平安中国，完善党委领导、政府主导、社会协同、公众参与、法治保障的社会治理体制，推进社会治理精细化，构建全民共建共享的社会治理格局。要健全利益表达、利益协调、利益保护机制，引导群众依法行使权利、表达诉求、解决纠纷。要增强社区服务功能，实现政府治理和社会调节、居民自治良性互动。

加强社会治理基础制度建设，建立国家人口基础信息库、统一社会信用代码制度和相关实名登记制度，完善社会信用体系，健全社会心理服务体系和疏导机制、危机干预机制。

完善社会治安综合治理体制机制，以信息化为支撑加快建设社会治安立体防控体系，建设基础综合服务管理平台。落实重大决策社会稳定风险评估制度，完善社会矛盾排查预警和调处化解综合机制，加强和改进信访和调解工作，有效预防和化解矛盾纠纷。严密防范、依法惩治违法犯罪活动，维护社会秩序。

牢固树立安全发展观念，坚持人民利益至上，加强全民安全意识教育，健全公共安全体系。完善和落实安全生产责任和管理制度，实行党政同责、一岗双责、失职追责，强化预防治本，改革安全评审制度，健全预警应急机制，加大监管执法力度，及时排查化解安全隐患，坚决遏制重特大安全事故频发势头。实施危险化学品和化工企业生产、仓储安全环保搬迁工程，加强安全生产基础能力和防灾减灾能力建设，切实维护人民生命财产安全。

贯彻总体国家安全观，实施国家安全战略，落实重点领域国家安全政策，完善国家安全审查制度，完善国家安全法治，建立国家安全体系。依法严密防范和严厉打击敌对势力渗透颠覆破坏活动、暴力恐怖活动、民族分裂活动、极端宗教活动，坚决维护国家政治、经济、文化、社会、信息、国防等安全。

115. 如何确保将“十三五”规划建议的目标任务落到实处？

党的十八届五中全会《公报》强调：“当前和今后一个时期，全党全国的一项重要政治任务，就是深入贯彻落实十八届五中全会精神，把《中共中央关于制定国民经济和社会发展第十三个五年规划的建议》确定的各项决策部署和工作要求落到实处。全党要把思想统一到全会精神上来，认清形势，坚定信心，继续顽强奋斗，团结带领全国各族人民协调推进“四个全面”战略布局，如期完成全面建成小康社会的战略任务。”

党的十八届五中全会，是在我国全面建成小康社会进入决胜阶段召开的一次重要会议，既是为新的五年规划蓝图、擘画方略，也是为全面建成小康社会谋篇布局、凝心聚力，对于坚持和发展中国特色社会主义，实现“两个一百年”奋斗目标、实现中华民族伟大复兴的中国梦，具有十分重大的现实意义和深远的历史意义。全会深刻认识并准确把握国内外新形势新变化新特点，审议通过了《中共中央关于制定国民经济和社会发展第十三个五年规划的建议》。《建议》是动员全党全国各族人民夺取全面建成小康社会伟大胜利的纲领性文件。各级党组织和广大党员干部要充分认识党的十八届五中全会的重大意义，把学习宣传贯彻落实全会精神作为当前和今后一个时期的重要政治任务来抓，切实把思想和行动统一到中央的重大决策部署上来，为实现全面建成小康社会而努力奋斗。

学习宣传贯彻落实党的十八届五中全会精神，必须深刻理解和准确把握全面建成小康社会决胜阶段的形势，深刻理解和准确把握“十三五”时期我国发展的指导思想和全面建成小康社会的目标要求，深刻理解和准确把握“六个坚持”的基本要求，深刻理解和准确把握五大发展理念的丰富内涵，深刻理解和准确把握“十三五”时期的重大战略、重大工程、重大举措，深刻理解和准确把握加强和改善党的领导、提高党领导经济社会发展能力的新要求，把全会精神与本地区经济社会发展和党的建设各项工作紧密结合起来，用全会精神武装头脑、指导实践、推动工作。

116.“十三五”时期，怎样为经济社会发展提供坚强政治保证？

提高管党治党水平是办好一切事情的根本。党的十八届五中全会指出：“要坚持全面从严治党、依规治党，深入推进党风廉政建设和反腐败斗争，巩固反腐败斗争成果，健全改进作风长效机制，着力构建不敢腐、不能腐、不想腐的体制机制，着力解决一些干部不作为、乱作为等问题，积极营造风清气正的政治生态，形成敢于担当、奋发有为的精神状态，努力实现干部清正、政府清廉、政治清明，为经济社会发展提供坚强政治保证。”

坚持全面从严治党、依规治党。习近平总书记指出：“党要管党、从严治党，靠什么管，凭什么治？就要靠严明纪律”；“纪律不严，从严治党就无从谈起。”强调加强纪律建设，要把守纪律讲规矩摆在更加重要的位置。守纪律讲规矩是对党员、干部党性的重要考验，是对党员、干部对党忠诚度的重要检验。纪律建设就是治本之策，必须坚持从严治党依规治党，把纪律规矩立起来严起来。各级党组织要把严守纪律、严明规矩放到重要位置来抓，各级领导干部要牢固树立纪律和规矩意识，在守纪律、讲规矩上作表率。

人不以规矩则废，党不以规矩则乱。党员、干部时刻绷紧遵规守纪之弦，把守纪律讲规矩当作为人处事从政的底线，良好的从政环境和政治生态才能形成，全面从严治党才能落到实处。党员、干部守纪律讲规矩，第一位的要求是树立强烈的政治意识，严守政治纪律和政治规矩。只有具备坚定的政治定力，严格按党性原则办事，按政策法规办事，才能有自信、有底气、经考验。要锤炼政治素质，深入学习马列主义、毛泽东思想特别是中国特色社会主义理论体系，坚定道路自信、理论自信、制度自信，把贯彻政治路线、服务发展大局、体现社会价值，作为一种品行修养来加强，一种道德操守来保持，一种思想境界来提升。要重点学习习近平总书记系列重要讲话精神，补足精神之"钙"，培育思想之"元"，坚守政治理想、保持头脑清醒，始终同党中央保持高度一致，做党的理论路线方针政策的忠实实践者、坚决执行者、坚定维护者。要坚定政治立场，增强政治敏锐性和政治鉴别力，同各种错误思想和行为作坚决斗争，任何时候任何情况下都决不随波逐流，决不做有损党的形象和人民利益的事，决不听任错误思想言行恣意横行，决不搞小山头、小圈子、小团伙，是非面前分得清、关键时刻靠得住，在党言党、在党忧党、在党为党、在党兴党。要提高政治觉悟，坚持党的原则第一、党的事业第一、人民利益第一，始终铭记政治责任，时刻用党章严格要求自己，解决好当干部为什么、干什么、比什么等问题，稳住心神、挡住诱惑，永葆共产党人政治本色。

深入推进党风廉政建设和反腐败斗争，一要保持高压态势，着力营造"不敢腐"的环境。要始终高举反腐利剑，重点查处发生在领导机关和重要岗位领导干部中插手工程建设、土地出让，侵吞国有资产、买官卖官、以权谋私、腐化堕落、失职渎职案件；认真整肃基层党员干部违纪违法、侵犯群众权益的现象，对发现的问题线索一查到底，形成持续有力的震慑，让腐败分子无处藏身。二要扎紧制度笼子，着力构建"不能腐"的有效机制。以改革创新精神推进反腐倡廉制度建设，凡是有权力运行的地方都要运用"两把锁"的原理，相互制约、相互制衡，做到制约监督、公开透明，把权力置于阳光之下。三要筑牢思想防线，着力增强"不想腐"的自觉。教育引导各级领导干部树立正确的世界观、人生观、价值观，尊法学法守法用法，从小事小节做起，严格约束自己，守住做人、处事、用权、交友的底线。要运用反面教材，大力开展警示教育，以案为鉴，吸取教训，使党员干部受到触动、警醒起来，自觉拒腐防变。

要继续深化反腐倡廉体制机制改革和制度创新，贯彻落实《惩治和预防腐败体系 2013—2017 年工作规划》，建立健全反腐倡廉各项制度，强化制度执行监督，维护制度的严肃性。深化腐败问题多发领域和环节的改革，从源头上减少腐败现象滋生蔓延的土壤和条件，努力促进干部清正、政府清廉、政治清明。

117. 夺取全面建成小康社会的伟大胜利，“十三五”时期必须把握好哪几个理论问题？

“十三五”时期是全面建成小康社会、实现我们党确定的“两个一百年”奋斗目标的第一个百年奋斗目标的决胜阶段。我国发展的环境、条件、任务、要求等都发生了新的变化。综合判断，“十三五”时期我国发展仍处于可以大有作为的重要战略机遇期，也面临着诸多矛盾叠加、风险隐患增多的严峻挑战。我们要准确把握战略机遇期内涵的深刻变化，更加有效地应对各种风险和挑战，继续集中力量把自己的事情办好，不断开拓发展新境界，决战决胜、乘风破浪，奋力夺取全面建成小康社会的伟大胜利。

奋力夺取全面建成小康社会的伟大胜利，必须把握好以下几个理论问题：

(1)牢牢把握社会主要矛盾。把握社会主要矛盾，是谋划“十三五”我国经济社会发展的重要基础。

党的十八大报告指出，“我国仍处于并将长期处于社会主义初级阶段的基本国情没有变，人民日益增长的物质文化需要同落后的社会生产之间的矛盾这一社会主要矛盾没有变，我国是世界最大发展中国家的国际地位没有变。在任何情况下都要牢牢把握社会主义初级阶段这个最大国情，推进任何方面的改革发展都要牢牢立足社会主义初级阶段这个最大实际”。在理论上大家对这个判断似乎没有争议，但看看过去某些政策措施，给人的感觉似乎我国的经济已经是过剩经济，社会主要矛盾不是人民日益增长的物质文化需要同落后的社会生产之间的矛盾，而是需求不足与生产过剩的矛盾。究竟是我们对社会所处阶段和主要矛盾的判断出了偏差，还是实际的政策措施受到了干扰？

这里有一个区分现象和本质、短期和长期的方法论问题。唯物辩证法认为，现象和本质并不完全一致，要透过现象看本质；经济运行短期出现的问题也不一定和长期的根本问题相一致，要立足当前，着眼长远。如果用这样的方法看问题，可以发现，我国经济在某一时段受某些因素影响，某些产业出现产能过剩，那是短时的、个别行业的问题，是结构性问题，而并不意味我国已经是“过剩”经济。出现局部产能过剩的原因不是我国的主要矛盾使然，而是投资导向和市场扭曲的结果。从长期看，人民日益增长的物质文化需要同落后的社会生产之间的矛盾依然是我国社会的主要矛盾，相对落后的社会生产依然处在矛盾的主要方面。所以要始终把发展生产力摆在首位，坚持发展是硬道理不动摇。这应该成为谋划“十三五”经济社会发展的基本点。

(2)客观看待需求和消费不足。承认我国社会主要矛盾是人民日益增长的物质文化需要同落后的社会生产之间的矛盾，逻辑上就要承认需求不足不是我国经济社会发展的主要问题。

社会总需求由投资需求、消费需求和出口构成。从实际情况看，我国的投资需求几乎从来不存在不足，存在的是投资方向、结构不够合理和效益不够高。出口需求总体是旺盛的，出现过阶段性不足，有出口产品结构和质量的问题，但主要是受世界市场波动的影响。1997 年亚洲金融危机和 2008 年世界金融危机后的一些年份我国出口急剧下降，是典型的证明。

需要重视的是消费需求是否存在不足。消费可分为生产性消费和生活性消费，生产性消费就是投资，所以不再作为问题分析，关键是生活性消费。我国消费率长时间比较低，在某些时段出现生活性消费不足，这是有统计数据支持的。但分析其原因，主要是由于分配政策不合理、市场扭曲和社会保障等措施没有跟上等原因所致，是属于结构性的消费不足，并不能因此说我国是需求不足的经济。生活性消费是重要的，它体现我国发展经济的根本目的，可以拉动经济的有效增长，所以要重视解决生活性消费问题。解决的途径是要有针对性地采取措施，是分配政策问题就要调整分配政策，属市场问题和社会保障问题就要深化改革，完善制度，要十分审慎地采取刺激总需求的政策。

若干年来，我们比较多地借鉴发达国家的经济学理论和政策，包括需求分析理论和刺激总需求的政策，这当然是应该的，但必须清楚，与西方发达国家相比，我国的发展阶段、制度、社会主要矛盾差异很大，不能把我国的结构性需求不足等同于西方国家的总量性需求不足，更不可轻易效仿西方国家采取超前消费、举债消费等刺激需求的措施。解决我国消费不足的措施可有多项选择，但根本的是要发展生产，以生产促进消费。

(3)牢牢把握经济新常态。我国目前已经进入经济新常态，保持国民经济中高速增长，加快生产方式转变和结构调整的步伐，经济发展的主要动力由要素投入转向创新驱动，已经成为国民经济发展的主旋律。在世界范围，经济环境仍然比较复杂，机遇和挑战相互交织，时势总体于我有利，我国发展的重要战略机遇期仍然存在的格局不会根本逆转。在国内，全面建成小康社会、全面深化改革、全面依法治国、全面从严治党的战略布局不会变。所以，经济新常态在“十三五”期间会依然持续，变化的会是经济发展质量提高的速度、结构调整的步伐要比“十二五”末期快，创新驱动的力度要比“十二五”末期大。

适应经济新常态，“十三五”期间要牢牢把握经济新常态的变化趋势，因势利导，驾驭、引领经济新常态，促进经济新常态健康发展，关键是转变发展方式，调整经济结构，着力创新驱动。

经济发展方式要从规模速度型粗放增长转向质量效率型集约增长，重要途径是要推进新型工业化、信息化、城镇化、农业现代化同步发展，主攻方向是调整优化经济结构。要使经济结构不断优化升级，城乡区域差距逐步缩小，居民收入在国民收入分配中的占比上升。优化经济结构的重要环节是优化产业结构，要通过市场的作用和企业兼并重组等形式，调整存量，做优增量，压缩产能过剩产业，大力发展实体经济和新兴产业、服务业，逐步增强战略性新兴产业和服务业的支撑作用，着力推动传统产业向中高端迈进。优化经济发展空间格局是调整经济结构的重要内容。要完善区域政策,促进各地区协调发展、协同发展、共同发展。

牢牢把握经济新常态,要求从要素投入驱动为主转向创新驱动为主,着力提高要素生产率。人是创新活动最活跃的因素,要采取有效的政策措施,把创新积极性激发出来,调动起来。企业是创新活动的细胞,要更多支持创新型企业、充满活力的中小企业,发挥创新驱动的原动力作用,促进传统产业改造升级,尽快形成新增长点和驱动力。创新必须转化为经济有效增长和发展,把创新成果变成实实在在的产业活动。

(4)妥善处理质量、效益和速度的关系。这是一个老问题,也是"十三五"必须面对的新问题。牢牢把握社会主要矛盾和经济新常态,不是不要经济增长,而是要适合新阶段新特征的中高速增长,要资源环境人口相协调的经济增长,要有高质量高效益的稳定增长。需要明确,经济增长是经济发展的基础,没有经济增长很难有经济发展,而没有经济增长和经济发展,解决一切前进中的问题就失去了根基,我国在世界地位的进一步提升也就失去了根基。要牢记,我国虽然已是经济总量大国,但人均国内生产总值还排在许多国家的后头。

要实现中高速增长,就要求把提高经济发展质量和效益摆在中心地位,充分发挥优势,挖掘增长潜力,培育发展动力。我国存在大量新的增长点,潜力巨大,要积极发现培育新增长点,使其成为新常态下经济增长的重要支撑。

我国地域辽阔,东中西部发展的阶段性差异和继起性,是问题,更是优势,要充分发挥这种优势,东中西部相互促进,确保中高速增长。

(5)把深化改革、惠民生紧密结合起来。改革是解决生产力与生产关系、经济基础与上层建筑基本矛盾,推动经济社会持续健康发展的根本动力。中央对全面深化改革作出总体部署后,关键在落实,要围绕破解经济社会发展突出问题的体制机制障碍,提高行动能力,要进一步处理政府与市场的关系，使市场在资源配置中起决定性作用和更好发挥政府作用，形成对外开放新体制，加快培育国际竞争新优势。

改革发展的根本目的是为了人民。要坚持以保障和改善民生为出发点和落脚点，全面解决好人民群众关心的教育、就业、收入、社保、医疗卫生、食品安全等问题，让改革发展成果更多、更公平、更实在地惠及广大人民群众。

全面建成小康社会，是中国人民梦寐以求的目标，“十三五”时期是实现这个目标的决胜阶段。新中国成立60多年来的发展已经为我们打下了雄厚的物质基础。万事俱备，东风已来，百舸争流的生动局面正在形成。只要我们紧密团结在以习近平同志为总书记的党中央周围，万众一心，不懈努力，就一定能够夺取全面建成小康社会决胜阶段的伟大胜利，顺利实现第一个百年奋斗目标！